Weingüter des
arkgrafen von Bade
Salem
LAIBLE
WEINGUT KOPP
Sinzheim-Ebenung
WINZERKELLER
WEINGUT
DUIJN
Oberkircher
Winzer e
Erzeugerabfü
Sasbachwal
77770 Durbach
Tel. 0781/41101
Gräflich
Wolff Metternich'sches
Weingut
Durbach
KAPPELRODECK
WINZERGENOSSENSCHAFT

Große Weine der Ortenau

Große Weine der Ortenau

Die besten Winzer im Rebland zwischen Baden-Baden und Offenburg

Reinhard J. Strickler	Gut Nägelsförst
Alexander Spinner	Weingut Schloss Neuweier
Holger Dütsch	Weingut Holger Dütsch
Ewald Kopp	Weingut Kopp
Leo Klär	Affentaler Winzergenossenschaft
Jacob Duijn	Weingut Duijn
Markus Huber	Winzerkeller Hex vom Dasenstein
Michael Huber	Alde Gott eG
Martin Bäuerle	Oberkircher Winzergenossenschaft
Achim Kirchner	Weingut Markgraf von Baden
Andreas Laible	Weingut Andreas Laible
Heinrich Männle	Weingut Heinrich Männle
Jochen Sahler	Durbacher Winzergenossenschaft
Franz Schwörer	Wolff Metternich'sches Weingut
Hanspeter Rieflin	Weingut Schloss Ortenberg

Andreas Braun und Otto Geisel

Große Weine der Ortenau

Die besten Winzer im Rebland zwischen Baden-Baden und Offenburg

Mit einer Liebeserklärung von Hubert Burda

edition k
kunst und kulinaristik
in Partnerschaft mit dem **Hampp**Verlag

„Nichts macht mit der
Landschaft vertrauter
als der Genuss der Weine,
die auf ihrer Erde gewachsen
und von ihrer Sonne
durchleuchtet sind.“

Ernst Jünger

Große Weine der Ortenau

Von Rainer Knubben

Ernst Jünger muss in der Ortenau unterwegs gewesen sein, als er notierte: „Nichts macht mit der Landschaft vertrauter als der Genuss der Weine, die auf ihrer Erde gewachsen und von ihrer Sonne durchleuchtet sind.“ Das Rebland zwischen Baden-Baden und Offenburg ist ein solches Stück Erde, das sich immer wieder neu erfahren lässt, durch den Genuss des Weines ebenso wie im Erlebnis der Weinlandschaft und in der Begegnung mit den Winzern. Sie wirken hier mit inniger Liebe und tiefer Leidenschaft im Weinberg und im Weinkeller und bringen Große Weine hervor.

Mit mineralreichen Böden hervorragend ausgestattet, von der Sonne verwöhnt und vor dem kalten Wind geschützt, ist die Ortenau geradezu geschaffen für den Weinbau. Wie nur ganz wenige Weinregionen in der Welt ist diese Landschaft so überreich gesegnet mit all den Gaben, die dem Weinbau seit alters her ein Geschenk sind: Erde, Wasser und Sonne. Es ist so: Die Ortenau im Herzen Badens sonnt sich in jenem Klima, das Große Weine wachsen lässt.

Die badischen Winzer sind sich dieser geradezu idealen Bedingungen durchaus bewusst, und doch bedarf es jedes Jahr großer Kraftanstrengung, großer Erfahrung, großen Mutes, großen Könnens und auch großen Glücks, Große Weine zu machen und in der Welt der Großen Weine zu bestehen.

Und wahrlich, sie tun es. Die Großen Weine, die in diesem Weinparadies entstehen, ragen in der Welt der Großen Weine weit heraus und die Winzer sind als Große Meister der Weinkunst weltweit höchst geachtet. Die Ortenau ist das Weinland in Deutschland, das die meisten Auszeichnungen erhält. Kein Anbaugebiet in Deutschland ist bei Prämierungen auf Bundesebene und bei internationalen Weinprüfungen so hoch dekoriert wie die Ortenau. Die großen Weinkenner wissen das sehr genau und schätzen es auch. Die Weinfreunde erfreut und beeindruckt es immer wieder neu.

Und wie die Großen Weine der Ortenau diesem Weinparadies einen einzigartigen Glanz verleihen, so glänzen die Städte und Winzerdörfer entlang der Badischen Weinstraße wie kaum eine andere Region in Deutschland mit wunderbaren kulinarischen Freuden – in den Sternerestaurants grandios, in den Weinstuben und Wirtshäusern wunderschön. Die Ortenau ist und bleibt die Perle im Genießerland Baden-Württemberg.

In diesem Buch stellen Otto Geisel und Andreas Braun die Großen Weine der Ortenau und die besten Weinmacher im Rebland zwischen Baden-Baden und Offenburg vor. Die mit den Winzern der Ortenau verbundenen Spitzenköche im Badener Land bereiten zu den ausgesuchten Großen Weinen der Ortenau glücklich harmonierende Gerichte zu, die sie beiden, den Winzern und den Weinen widmen. Winzer und Koch – partnerschaftlich wirken sie am Herd und im Weinberg, gemeinsam sind sie uns Wegbereiter und Wegbegleiter des Genusses.

Und wenn „ein erzähltes Konzert wie ein gemaltes Mittagessen“ ist, wie Franz Grillparzer es empfunden hat, was ist dann ein von begeisterten Weinfreunden liebevoll preisend beschriebener Wein? Dieses Buch möchte dazu einladen, die Ortenau, diese märchenhaft schöne Landschaft, zu entdecken und die Großen Weine zu genießen. Beides liegt an der Schwelle des Paradieses.

Inhaltsverzeichnis

Inhaltsverzeichnis

„Ich glaube,
man findet in Menschen,
die in der Nähe guter
Weine geboren sind,
viel Glückseligkeit."

Leonardo da Vinci

Wein ist Heimat

Von Hubert Burda

Ich erinnere mich oft an meinen Deutsch-Abituraufsatz. Er lautete „Mit der Heimat im Herzen hinaus in die Welt“. Und wenn ich mich recht entsinne, spielte darin auch der Wein eine Rolle. Denn es war mein Elternhaus, das in mir schon früh die Liebe zum Wein erweckte. In unserer Familie gehörte der Wein zum Essen einfach dazu.

Mein Vater, der den Wein der Ortenau besonders schätzte, rief dann: „Schenkt mir ein, ich brauche Kraft“, und wir taten es ihm nach. Natürlich nach der bis heute gültigen Erkenntnis von Paracelsus, wonach alles Ungesunde vor allem eine Frage der Menge ist. Und so haben wir früh gelernt, mit Wein verantwortlich umzugehen. Bis heute gibt es kaum einen Tag, an dem ich nicht gerne ein Glas trinke. Wein ist Teil meines Lebens und Teil meines Alltags.

Landschaft ist Heimat. In das Rebland zwischen Baden-Baden und Offenburg wurde ich geboren. Das Land ist vom Weinbau tief geprägt. Seit Jahrhunderten gibt der Wein den Menschen der Ortenau, dieser Perle des badischen Landes, Arbeit und sichert ihnen ihre Existenz.

In einer Landschaft des Weines versteht jeder, was der Dreiklang Erde, Wasser, Sonne für den Wein bedeutet und über die Qualität der jährlichen Ernte besagt. So wie jeder Winzer die Natur und die Auswirkungen der Wettersprünge und Klimawechsel erlebt und manchmal auch erleidet. Das prägt die Menschen.

Hier ist meine Heimat. Heimat, das sind die Orte der Kindheit. Dort, wo ich laufen lernte, wo ich im Bach mit aufgepumpten Schläuchen alter Autoreifen badete, wo uns der Vater aus dem Wasser zog, wo ich den Duft der Apfelblüten und den Geruch der Kornfelder in mich aufsog und wo ich die ersten Kirschen aus fremden Gärten stahl. Kurz: Die Zeit in der ich in meiner Erinnerung der glücklichste Mensch auf Gottes Erden war. Später, als sich der Radius des Kindes vergrößerte, kamen andere Entdeckungen hinzu: die Weinberge, die vielen wunderbaren Kirchen, Klöster, Schlösser mit ihren unendlich vielen Zeugnissen eines reichen kulturellen Schaffens, die uns unser Vater gezeigt hat. Und wiederum später die Gasthäuser und die Weinfeste. All dies hat mich geprägt.

Wenn ich heute in der Gegend bin, dann lebe ich inmitten der Weinberge, in Fessenbach. Hier, wo Bacchus mit dem großartigen Brunnen von Sandro Chia eine wunderbare Verbindung von Wein und Kunst schafft, bin ich lebensglücklich. Wer die Nähe zur Heimat nicht hat, der kann auch kein Weltbürger sein.

Bis heute ist das wunderbare Land der Reben, die Ortenau, meine Heimat geblieben und wie der gesamte Oberrhein mit meiner Familie eng verbunden. Dass Johannes Gutenberg für seinen ersten Buchdruck eine Weinpresse benutzt hat, ist das nicht eine wundervolle Verbindung von Weinbau und Verlag?

Wenn ich heute Wein trinke, dann nicht, um ein gutes Gespräch zu führen, um zu diskutieren, zu streiten gar oder mich zu versöhnen. Und auch nicht, um Geschäfte zu machen. Ich möchte vielmehr den Boden spüren und den Ort fühlen, an dem ich mich gerade befinde und aus dessen Erde der Wein stammt. Wo immer ich auf der Welt bin, brauche ich Wein zur Erdung. Denn wenn ich Wein trinke, schmecke ich Heimat. Wein ist Heimat.

Weingötter für das Land der Reben: Senator Dr. Franz Burda stiftete seiner Heimat 1984 – in Offenburg und in Fessenbach – zwei Skulpturen des in New York arbeitenden Toskaner Künstlers Sandro Chia.

„Vergebens klopft,
wer ohne Wein ist,
an der Musen
Pforte an."

Plato

Die Ortenau – von Sonne und Wein verwöhnt

Von Klaus Brodbeck

Wer mit dem Auto oder dem Zug von Karlsruhe in Richtung Basel fährt, dem fallen die weiten Rebflächen sofort ins Auge. Ab Baden-Baden prägen sie die vorgelagerten Westhänge des Schwarzwaldes. Hier, im Baden-Badener Rebland, beginnt weingeographisch die Ortenau, die sich südwärts bis Offenburg und zum Eingang des Kinzigtals erstreckt. Dank des überaus günstigen Klimas und der mineralreichen Böden gedeihen in der Ortenau Rieslingweine, die zu den besten der Welt zählen, sei es ein Steinbacher „Stich den Buben“ oder ein Klingelberger aus Durbach.

Überhaupt der Klingelberger. 1782 bezieht Markgraf Karl Friedrich von Baden 3 500 Stück Wurzelreben aus den Bezirken Hanau und Frankfurt und lässt sie am Klingelberg beim Schloss Staufenberg in Durbach anpflanzen. Die Grundlage für die Große Weinkunst in der Ortenau, das Synonym für Riesling, der Klingelberger, war geboren. Wer in einem Ortenauer Lokal einen Riesling bestellt, wird sofort als von außerhalb kommend identifiziert. Denn der Ortenauer Weintrinker kennt den Riesling nur als Klingelberger. Wer solch einen Tropfen im Glas hat, der weiß, warum das Leben in der Ortenau so schön und die Menschen hier so fröhlich sind.

Auch heute noch thront das Schloss Staufenberg des Markgrafen von Baden stolz über den Durbacher Rebhängen. Wer einmal an einem lauen Sommerabend auf der Terrasse der Schlossgaststätte eine Schwarzwälder Vesperplatte verspeist, dazu einen ebenso schmelzigen wie fruchtigen Klingelberger geschlürft und dabei das Schauspiel eines Sonnenuntergangs über den Vogesen erlebt hat, den zieht es immer wieder an diesen magischen Ort zurück. Der einzigartige Ausblick reicht von hier über die blühenden Obstgärten bis zum Straßburger Münster und darüber hinaus zu den Vogesen. Wenn sich im rötlichen Licht der untergehenden Sonne der Abenddunst über die Landschaft legt, dann kommt auch der noch so nüchterne Mensch aus dem Schwärmen und Schwelgen über die Anmut dieser wunderbaren Landschaft nicht mehr heraus. In der Tat ist dies für mich einer der schönsten Plätze der Ortenau.

Überhaupt ist die Ortenau ein gottgesegneter Landstrich. Mit durchschnittlich 1700 Stunden Sonnenschein im Jahr gehört sie zu den sonnenreichsten Regionen in Deutschland. In der fruchtbaren Landschaft gedeiht nicht nur der Wein, zu dessen bedeutendsten Sorten auch und gerade der Blaue Spätburgunder gehört, ganz hervorragend. Auch der Obst- und Gemüseanbau bringt Produkte von höchster Qualität hervor. Angefangen mit dem Spargel und den Erdbeeren im Frühjahr, gefolgt von vielen anderen wohlschmeckenden Obstsorten und deren edlen Destillaten, reifen in den Wein- und Obstgärten köstliche Hochgewächse heran. In den Winzerdörfern mit so wohlklingenden Namen wie Neuweier, Sasbachwalden, Kappelrodeck, Oberkirch und Durbach zeugen säuberlich herausgeputzte Fachwerkhäuser mit gepflegten Vorgärten und üppigem Blumenschmuck vom Fleiß ihrer Bewohner und von ihrer Liebe zu Heimat und Tradition. Und dazu kommt eine sympathische, gastfreundliche Art. Ob in einem der renommierten Sternelokale oder in einer der vielen heimeligen badischen Gaststuben: Die Ortenauer Küche gehört zur Spitzenklasse der europäischen Kulinarik. Sie ist nicht denkbar ohne die Großen Weine der Ortenau.

„Gott hat
nur Wasser
geschaffen,
aber der
Mensch macht
den Wein."

Victor Hugo

Ein Paradies auf Erden

Von Monika Bachmayer

„Das ist, als ob dir der liebe Herrgott in Samthosen die Kehle herunterspaziert!" Das konnte nur der „Alde Gott" gewesen sein, freuten wir uns doch an der berühmten Gastlichkeit der Ortenau. Die Herkunft der Sentenz ist unklar, das sinnliche Erlebnis dagegen ist mir heute noch so lebendig wie damals. Zum Zauber gehörte seinerzeit auch, dass die Blumenverkäuferin ihre Blumen nicht einzeln, sondern alle auf einmal verkaufen konnte. Glutroten Wein im Glas, blutrote Rosen im Arm, einen weingehauchten rosa Schimmer auf den Wangen, ein milder Sommerabend, mit weitem Blick über die Rheinebene bis zum „Zeigefinger Gottes", dem Straßburger Münster, wer würde sich da nicht wie im Paradies fühlen? Der Magie dieser Stunde und der Einsicht, gewonnen aus dem „göttlichen" in vino veritas, entsprang es dann, dass mein Weingefährte beschloss, endlich alle jahrelangen Bedenken über Bord zu werfen und zu heiraten: die im hohen Norden lebende Mutter seines Sohnes, wen sonst? So gäbe es viele Wein- und andere Geschichten zu erzählen, die alle um die „Goldene Aue" kreisen, wie Otto Flake diesen wunderbaren Landstrich gern nannte, der – im Herzen Europas – das Herzstück des badischen Weinlandes ist.

Und golden ist mir das Licht durchflutete Land zwischen Baden-Baden im Norden und dem Flüsschen Bleich an der Grenze zum Breisgau im Süden, zwischen dem Rhein im Westen und Schwarzwaldhauptkamm im Osten, halb zur Rheinebene, halb zum Hochschwarzwald gehörig, auch von klein auf erschienen. Dies geschah nicht etwa der herbstlichen Färbung halber, sondern allein des „gefühlten" immerwährenden Sonnenscheins wegen, mochte das Wetter noch so schlecht sein. Auch de facto ist die Ortenau „von der Sonne verwöhnt", hier gibt es mit die meisten Sonnenstunden in ganz Deutschland, dazu kommen reichlich Niederschläge, geschützte Standorte und gut durchlüftete, tiefgründige Verwitterungsböden; ideale Voraussetzungen für die Land- und Weinwirtschaft.

Selbst an trüben Tagen strahlen die überschäumend blühenden Obstbäume, prangen die Blumen, leuchten die Früchte auf den Äckern und Feldern. Ein Paradiesgärtlein ist sie schon die zunächst „Mordenau" (was nichts Blutrünstiges bedeutet, sondern mit dem keltischen Wort „Moridunum" für Sumpf/Burg zu tun hat), dann Ortenau, genannte Region. Hier wächst fast alles in üppiger Fülle, was kulinarisch zu begeistern vermag: auf den sandigen Böden der Rheinebene die Königin aller Gemüse, der Spargel, dann funkelnde Kirschen, die berühmten Bühler Zwetschgen, saftige Birnen, knackige Äpfel, süße Erdbeeren, scharfer Meerrettich, sonnengelber Topinambur, glänzende Maronen, pralle Melonen, duftende Himbeeren, Kräuter aller Art und eben und vor allem – Reben. Auch zahlreiche Tiere haben hier ihren Platz in den Gewässern und Wäldern: scheue Rehe, grunzende Wildschweine, flinke Fische und, nicht zu vergessen, auch die vielen Lebewesen, die in den zahlreichen, allerdings auch notwendigen Naturschutzgebieten ihre Nischen finden können.

Das Gebiet zeichnet sich aber nicht nur durch die Vielfalt von Flora und Fauna aus. Hier gibt es von allem etwas: vom flachen Land und luftigen Höhen, von sanften Hügeln und schroffen Tälern, von dunklen Seen und klaren Bächen, von schnurgeraden Rebzeilen und wie durcheinander gewürfelten Felsenmeeren, von trutzigen Burgen und

Ein Paradies auf Erden

eleganten Schlössern, von einfachen Kirchen und mächtigen Klöstern, von einsamen Gehöften und pulsierenden Städten und Städtchen, von frommen und von freisinnigen Leuten, von lebendiger Geschichte und modernster Gegenwart. Der unverwechselbare Reiz der Ortenau liegt in den gleitenden Übergängen, die Mildes mit Herbem versöhnen.

Mit dem Auto lässt sich dies entlang der Badischen Weinstraße erkunden, die in der Ortenau von Baden-Baden über Offenburg (mit der heute wichtigsten Weinmesse des Landes) Richtung Freiburg verläuft. Schöner und genussreicher ist es, zu Fuß dem Ortenauer Weinpfad zu folgen, der den Wanderer, parallel zur Weinstraße, nur höher in der Vorbergzone, durch Weinberge, Wälder und Winzerdörfer mit klingenden Namen führt. Von Lauf und Sasbachwalden geht es nach Kappelrodeck und Waldulm, dann weiter über Oberkirch ins Renchtal nach Durbach und Offenburg, von da nach Lahr, um schließlich in Ettenheim zu enden. Überall auf dem Weg locken Spezialitäten und Sehenswertes. Einfach mit allen Sinnen aufnehmen und bleiben, wo es schön ist. Private Paradiese ...

Heute haben nahezu 400 000 Menschen das Glück, im, wie es verwaltungstechnisch korrekt heißt, Ortenaukreis zu wohnen, auch wenn das Leben hier nicht immer einfach ist – und auch nie war. Zu Zeiten von Ebarhart, der als erster Graf der Mortenau 888 beglaubigt ist, gehörte die Gaugrafschaft zum Herzogtum Schwaben, dann zum Bistum Bamberg und schließlich gliederte sich nach mancherlei kompliziertem politischem Gerangel und diversen Erbstreitigkeiten die Reichsgrafschaft Ortenau (seit Mitte des 15. Jahrhunderts ohne das hinderliche „M“) in ein buntes Nebeneinander kleiner und kleinster geistlicher und weltlicher Herrschaften. Während dieser wechselvollen Geschichte arbeiteten die Menschen unermüdlich an der Kultivierung des Landes. Besondere Sorgfalt galt dabei der Pflege der Reben, die für den südlichen Oberrhein seit dem 8. Jahrhundert aktenkundig sind.

Seinen Höhepunkt erreichte die Ausdehnung des Weinanbaues im 16. und 17. Jahrhundert, als heute nahezu unvorstellbare Mengen des Rebensaftes getrunken wurden. In den Augen des jungen Simplicius Simplicissimus nahm sich das, als er einer großen „Gasterey“ beiwohnte, so aus: „Ich sahe einmal / dass diese Gäst die Trachten frassen wie die Säu / darauf soffen wie die Küh (...) Den edlen Hochheimer / Bacharacher und Klingelberger / gossen sie mit kübelmäßigen Gläsern in Magen hinunder / welche ihre Würckungen gleich oben im Kopf verspüren liessen.“ Und wortmächtig heißt es außerdem: „Man brachte Gerichte / deßwegen Voressen genant / weil sie bey dem Trunck nicht übel schmecken sollten / allerhand Frantzösischen Potagen und Spanischen Olla Potriden zu geschweigen; welche durch tausendfältige künstliche Zubereitungen und ohnzahlbare Zusätze / dermassen verpfeffert / überdummelt / vermummelt / mixirt / und zum Trunck gerüstet waren / dass sie (...) mit ihrer Substanz sich weit anders verändert hatten / als sie die Natur anfänglich hervor gebracht.“ Diese Kritik an Fresserei und Sauferei von Hans Jakob Christoffel von Grimmelshausen, dem gebürtigen Renchtäler und zeitweiligen Gaisbacher Wirt, lässt aber auch einen Blick auf die mannigfaltig differenzierte Essenszubereitung für die Tafel hoher Herren damaliger Zeiten zu. Übersieht man das Übermaß, beginnen hier die späteren Vorzüge der Ortenauer Kochkunst aufzuscheinen: raffinierte, ideenreiche Vielfalt, von französischen Einflüssen angeregt, und, ganz entscheidend, ein enges Miteinander von Essen und darauf abgestimmtem Wein.

Zunächst einmal aber waren am Ende des Dreißigjährigen Krieges die Rebflächen in der Ortenau fast vollständig zerstört und die Schrecken der Franzosenkriege ließen über Jahrzehnte keine Erholung zu. Erst um 1700 konnte der Weinbau allmählich zu einem wirtschaftlichen Faktor werden, und ist es seither geblieben. Im 18. Jahrhundert kam die Landvogtei Ortenau zu Baden und wurde 1806 zu einem Teil des Großherzogtums. Während der Badischen, der 1848er Revolution, stand Offenburg, das Zentrum der Ortenau, im Mittelpunkt des Geschehens. Die wichtigsten Versammlungen fanden dabei in den Wirtshäusern statt, allerdings redete man sich, wie immer wieder überliefert, beim Bier und nicht beim Wein die Köpfe heiß. Das wäre heute sicherlich anders, gilt Wein doch in der Regel als inspirierend und beflügelnd, während dem Bier Behäbigkeit nachgesagt wird. So dürfte denn auch das Getränk in der „fünften Jahreszeit", der seit Jahrhunderten traditionellen (und wilden) Fasnet, vor allem der heimische Wein sein.

Die Menschen machen den Wein. Da das so ist, muss auch von den Ortenauern die Rede sein. Sie haben ihre Kulturlandschaft über Jahrhunderte geprägt und bestimmen damit bis heute auch den Charakter ihrer Weine. Zufall, Beruf und vor allem Neigung haben mich immer wieder in die Ortenau geführt. Freunde waren leicht unter den weltoffenen Menschen der Region zu finden und jedes Mal habe ich mich ein bisschen mehr auf einen weiteren Besuch gefreut. Allein das weich singende Alemannisch hat es mir angetan, außerdem die Gelassenheit und die Großzügigkeit, der hintersinnige Humor und der Wortwitz, die gastfreundliche Herzlichkeit und die ironische Selbsteinschätzung. Dazu eine Kostprobe von Otmar Schnurr, alias Nepomuk dem Bruddler: „Der normale Ortenauer isch von usgeglichenem Gmiat, knapp iwerdurchschnittlicher Intelligenz, verschdeckt aggressif un het en middelschwerer Minderwertigkeitskomplex, ich weiß des, ich bin us de Ortenau." Auch wird über beeindruckende (und bundesweit empfehlenswerte) Problemlösungsverfahren verfügt: Wo anders könnte über wichtige Verwaltungsposten zur allgemeinen Zufriedenheit per Los entschieden werden? Kurz, die Ortenauer sind, wie von einem Landstrich mit so viel Charakter nicht anders zu erwarten ist, ein ganz eigener Schlag. Und darin eben gleichen sie ihren Weinen. Darum habe ich so gerne manchen Klingelberger Mittag mit ihnen verdiskutiert und verhockt – ob im edlen Restaurant oder beim einfachen Straußen; aber immer nach dem heimischen Motto: „Suerpfle mueschd, nit suufe!".

Ein Paradies auf Erden? Von ganzem Herzen ja! Aber leider ist es in mancherlei Hinsicht bedroht. Möge es gelingen, uns nicht selbst daraus zu vertreiben. Denn eine Rückkehr ist, wie schon die Bibel lehrt, auf immer verwehrt – und der Sündenfälle sind leider nur allzu viele. Möge sich die Ortenau nicht eines Tages als mutwillig zerstörter und für immer verlorener Traum erweisen; damals, als sie noch „ein fruchtbar Ländlin (war), darin gut Wein wächst".

„Der Wein ist ein
Geschenk der Götter;
sie haben den Wein dem
Menschen aus Erbarmen
gegeben."

Plato

Genießen wie Gott in der Ortenau

Von Hans Roschach

Nichts auf der Welt ist so gut, als dass es nicht noch besser sein könnte. Baden ist ganz gewiss ein begnadetes Stückchen Erde, die kulinarisch wohl bedeutendste Region in Deutschland. Dass aber auch diese ihre Vollendung findet, beweist die Ortenau. Als der Sonnenkönig von der Zaberner Höhe den Oberrhein als einen schönen Garten bezeichnete, hat sein Blick sicher nicht am Rhein haltgemacht. Genau in Sichtlinie unter den Hängen des Schwarzen Waldes lag da die Ortenau, und die Begehrlichkeit der Mächtigen für diese Gegend erklärt sich von selbst. Klima, Landschaft und Fleiß finden hier in einmaliger Symbiose zusammen, und wenn die Geschichte über die Jahrhunderte, von Habsburg bis Preußen, eine bewegte war, so erklärt sie auch die Vielfalt, vor allem der Küche. Nirgendwo in der Republik wird bodenständig so abwechslungsreich gekocht, finden die Gaben der Natur, das Wild aus Wald und Flur, Fische aus klaren Wassern, Fleisch und Geflügel von saftigen Weiden, schmackhaftere Verwendung als in Ortenauer Töpfen.

Wo die Wiege der Ortenauer Küche liegt, ist nur zu vermuten. Der Wein indes dürfte mit den römischen Legionären ins Land gekommen sein. Jedenfalls waren es dann die Mönche, welche kulinarisch das Gebiet rund ums Kloster Gengenbach kultivierten, die dem Weinbau eine erste Ordnung gaben, wenngleich damals noch der gemischte Satz aus mehreren Traubensorten die Fässer füllte. Die Benediktineräbte in der reichsfreien Stadt sollen von ihrem Lieblingswein, dem Roten aus Bermersbach, ihren Vögten und Bauern zu Familienfesten immer ein Fass zur Feier des Tages geschickt haben. Restaurants im heutigen Sinne kannten unsere Altvordern noch nicht, und die Poststationen, die Bauernwirtschaften, boten allenfalls deftige, aber sicher keine raffinierte Kost. Dabei hat sich bis zum heutigen Tage jene geniale Einrichtung Karls des Großen erhalten, die Straußen. Das sind die liebenswerten Bauernbeizle, in denen ein Gutteil der Weinlese als Neuer, als Reißer oder Federweißer schon vor der Kellerarbeit durch die Kehlen der Gäste fließt. Die Speisen dazu, ursprünglich zwingend aus der Produktion des Hofs stammend, haben heute Kultstatus. Zwiebel- oder Flammenkuchen, Hausmachervesper und alles, was schnell und ohne großen Aufwand aus dem Fundus der bäuerlichen Speisekammer auf den Tisch gestellt werden kann, wird zweimal im Jahr, im Frühling und im Herbst, von den Freunden der Besenkultur hoch geschätzt.

Aus den Bauernwirtschaften entwickelten sich im Lauf der Jahrhunderte Gasthöfe, Restaurants, die den Ruf der Ortenauer Küche in ganz Europa verbreiteten. Einige sind verschwunden, andere wirten noch heute, mit und ohne Stern, zum Ruhme Badens. Namen wie Brunner, wie Schimpf, Litterst oder Martin erinnern an große Zeiten der Ortenauer Gastronomie, und ihre Nachfolger sind ihres Erbes würdig, wie die vielen guten Gasthäuser im Kreis belegen.

Das alles kommt nicht von ungefähr. Wo guter Wein wächst, wird gut gekocht. Nicht nur, dass sich mit Wein herrliche Gerichte zubereiten lassen. Es ist eben auch die Begleitung im Glas, welche die Könner am Herd alte Küchenklassiker zu immer wieder neuen Höhen führen lässt. Noch vor wenigen Jahrzehnten dominierte beispielsweise beim Sauerbraten der Essig, wenngleich auch oft sehr guter. Heute wachsen auf unseren Rebhängen kräftige, farbstarke Weine, welche unser solcherart mariniertes Rinderstück gegenüber den Verwandten dieser Spezialität, dem Boeuf à la mode in Frankreich, dem Arrosto al Vino rosso in Italien, mehr als ebenbürtig erscheinen lassen.

Eingemachtes Kalbfleisch, das badische Sonntagsessen schlechthin, nimmt es mit einem Blanquette de Veau, mit einer italienischen Fricassea di Vitello immer auf. Das ist keine Frage der Zubereitung, das liegt an der Verwendung des passenden Weines, und ein Ortenauer Müller, zur Abwechslung durchaus auch mal ein Grauburgunder, verleihen diesem Ragout vom Kalbshals, auch von der Kalbsbrust oder von der Haxe, ein unvergleichlich unkompliziertes Aroma, das mit den oft subtilen weißen Kreszenzen unserer Nachbarn nicht zu erreichen ist. Ein Ortenauer Landgockel in Klingelberger Riesling steht mindestens gleichwertig neben einem Coq au Riesling unserer linksrheinischen Vettern und braucht sich auch vor der sakrosankten Qualität des Geflügels aus der Bresse nicht zu verstecken.

Beim Wild gibt es sowieso kein Vertun. Das Ragout vom heimischen Reh, traditionell in Ortenauer Spätburgunder eingelegt, ein Wildschweingulasch, zur Feier des Waidmannsheils auch mal in einem hochwertigen Merlot vom Schloss gereift, oder die Krönung der Feldjagd, ein Kinzigtäler Hasenpfeffer, der den Mümmelmann gerne zwei oder drei Wochen im geschmacksträchtigen Bad aus kräftigem Ortenauer Roten sieht, das beweist ein glückliches Miteinander von Küche und Wein, von heimischen Zutaten und eben jener regionalen Meisterschaft im Umgang mit den guten Dingen des Lebens.

Dass zum Abschluss eines fürstlichen Mahles die Ortenau ihre oenologischen Glanzlichter, die weltweit unvergleichbaren edelsüßen Köstlichkeiten, aufblitzen lässt, ist eine Bestätigung mehr für die Tüchtigkeit der Winzer. Die Beerenauslesen, die Eisweine geben Zeugnis von der Meisterschaft unserer Weinbauern, im Rebstück und im Keller.

Wie sonst könnte man den Umstand, dass uns die Natur alles beschert, was Gott in Baden auf dem Tisch begeistern würde, besser würdigen, als es in vollendeter Zubereitung in Schüssel und Flasche zu präsentieren. Es gibt wenige Orte auf der Welt, die kulinarisch so souverän sind wie die Ortenau. Nicht ohne Grund gilt Baden als die Burgunder-Hochburg Deutschlands. Das ändert nichts an der Tatsache, dass hier außergewöhnliche Rieslinge reifen. Der allgegenwärtige Müller-Thurgau hat sich in einer wahren Metamorphose vom Massenträger zum Spitzenwein gesteigert. Altgediente Spezialitäten wie der Traminer, der Silvaner und der Gewürztraminer, Neuankömmlinge wie Scheurebe, Chardonnay, Sauvignon Blanc, Merlot und Cabernet Sauvignon, sie zusammen bieten die Basis für ein wohlsortiertes Weinvergnügen.

Ein wahres Füllhorn an Speisen, von der Forelle bis zum Hecht, vom Milchkalb über junge Lämmer bis zum Weiderind von höchster Fleischqualität, vom Landgockel bis zum Fasan, schlicht alles Gute bietet der heimische Markt. Die Leistungsfähigkeit der Gemüsezüchter und Obstbauern nicht nur im vorderen Renchtal, nach Großmutterart gefertigte Teigwaren, die sich vor keiner Pasta verstecken müssen, dazu die Brände und Geiste aus dieser am dichtesten mit Brennereien besiedelten Region lassen für den Gaumen keine Wünsche offen.

„Weinbergterrassen,
wie Manuale:
Sonnenanschlag
den ganzen Tag."

Rainer Maria Rilke

Der Wein schenkt der Ortenau Genuss in Fülle

Von Andreas Braun

Sind es Elefanten, Rhinozerosse oder Dinosaurier, die sich hier zur Ruhe gebettet haben? Runde Rücken, dicke Wülste, vorwitzige Buckel und abschüssige Hänge wohin man schaut. Von weitem gesehen und mit einiger Phantasie betrachtet, könnte es sich um eine wilde, ungebändigte Natur handeln. In Wirklichkeit ist es aber eine gepflegte Kulturlandschaft.

Überall haben Menschen gewirkt und Spuren hinterlassen. Obstbäume, Beerenplantagen, Ackerböden. Vor allem aber Reben. Die Zeilen ziehen sich in wundersamen Linien geradewegs steil hinauf und ebenso wieder hinunter, verbinden den Horizont mit dem Talgrund und die Hang- mit der Talseite.

Es sind die Gegensätze, die die Ortenau prägen: Natur und Kultur, Berg und Tal prallen weniger aufeinander, als dass sie hier zusammenfinden und ein überaus harmonisch-malerisches Bild ergeben.

Die Ortenau ist eine eigentümliche Landschaft, deren Reiz sicher von diesen Gegensätzen herrührt, doch hat es auch mit den unterschiedlichen Perspektiven zu tun. Wer aus dem gleißenden, offenen, weithin flachen Rheintal herkommt, der wundert sich über die Berge, die urplötzlich aufragen und Respekt einflößen, zwar sind sie nicht allzu hoch, aber doch steil. Ganz so, als habe eine riesige Hand die Landschaft gefaltet wie einen Rock – und hier am Rande liegen die letzten aufgeworfenen Falten.

Das Flüsschen, das soeben noch in der Ebene leise und breit vor sich hinströmte, bahnt sich gurgelnd den Weg durch mitunter tief eingeschnittene Täler. Tatsächlich sind die Rebberge zwischen Baden-Baden und Offenburg ein Vorgebirge mit entsprechend voralpinem Charakter, wie man es aus dem Allgäu oder dem Appenzeller Land kennt

Dahinter breiten sich die dunklen, bewaldeten Höhenzüge des Schwarzwalds aus. Von unten betrachtet, nehmen sie sich ein wenig unheimlich aus, oft von Nebelschwaden verhangen oder von Wolken eingerahmt.

Wer den umgekehrten Weg wählt und hinabsteigt von den erhabenen Höhen des Mittelgebirges mit den beachtlichen Baumriesen, den tiefen Wäldern, der wird begrüßt von einer sich öffnenden, immer lichter werdenden, sehr einladenden Landschaft, von Menschenhand geformt und bearbeitet. Kurvige Sträßchen verbinden beschauliche Dörfer und Städtchen. Landwirtschaft, Weinbau und Gastronomie, so wird deutlich, sind in dieser Landschaft eine gedeihliche Verbindung eingegangen.

Genussvolles findet sich allenthalben buchstäblich vor der Haustür: das Wild aus dem Wald, die Fische aus den Bächen, Obst und Gemüse von den Feldern und Wiesen, der Wein von den Rebhängen. Ob das der Grund ist, warum sich der Fremde, der in diese Region gelangt, unversehens als Urlauber und umhegter, umsorgter Gast fühlt? Kein Wunder, dass die Gasthäuser so anziehend wirken, zumal sie oft die heimlichen Zentren der Ortschaften sind.

Nicht selten sind es eindrucksvolle alte Gemäuer, verziertes Fachwerkmuster und spitze Giebel oder gediegene Wirtshausschilder, die von einer reichen Geschichte und einer langen Tradition künden. Genuss ist in diesem Obstgarten – manche sagen auch Paradies – Kulturgut, wenn nicht seit jeher, so doch seit langem.

Der Wein schenkt der Ortenau Genuss in Fülle

Von Andreas Braun

Was als Grund und Ursache für die badische Lebenslust und die gepflegte kulinarische Kultur in diesem Landstrich zuweilen angeführt wird, nämlich die Nähe zu Frankreich, hier ist sie gar mit Händen zu greifen. So ist von Schloss Staufenberg hoch über Durbach oder auch von den Weinbergen um Schloss Ortenberg nahe Offenburg das Straßburger Münster ganz nah, einen Katzensprung nur entfernt. Lange Zeit waren die Straßburger Bischöfe denn auch die Herren in der Gegend, in Oberkirch etwa, von wo die elsässische Hauptstadt gerade mal 25 Kilometer entfernt liegt.

Der Barockdichter Hans Jakob Christoffel von Grimmelshausen, der hier seinen „Simplicissimus“ ersonnen und zu Papier gebracht hat, beschrieb die Landschaft sehr treffend: „Ich wohnte auf einem hohen Gebirg, die Moos genannt. Von dort hatte ich einen schönen Blick am Morgen in das Oppenauer Tal, mittags zum Kinziger Tal, dort wo das Schloss zwischen den Bergen hervorschaut wie ein König in einem aufgesetzten Kegelspiel. Abends aber sah ich in Richtung Elsaß und gegen Mitternacht leuchtete die Stadt Straßburg mit ihrem hohen Münsterturm ...“

Mag es zeitweilig auch schwer überwindbare Grenzen gegeben haben zwischen hüben und drüben, zwischen linker und rechter Rheinseite, die Einflüsse und die Blicke kannten hier nie Grenzen. Die Gegensätze dagegen sind grenzübergreifend in der Region, die vom Schwarzwald im Osten und den Vogesen im Westen eingefasst ist: zwischen hell und dunkel, platt und bergig, fruchtbarem Nutzland und undurchdringlichem Wald, zwischen Sonne und Regen, Wärme und Kühle.

Eben diese Gegensätze prägen auch den Wein, verleihen ihm Frucht und Aromenfülle. Sie machen den besonderen Reiz nicht nur der Landschaft, sondern auch ihrer Kreszenzen aus. Beispielhaft kann man dies beim Spätburgunder schmecken, der in der Ortenau wie anderswo im Weinland Baden auch die Paradesorte ist und die größte Rebfläche einnimmt. Vielleicht kommen sogar seine schönsten Vertreter aus der Ortenau. Große Temperaturunterschiede und eine lange Reifeperiode machen die Weine fruchtiger, im Zweifel auch charaktervoller und ausdrucksstärker als anderswo.

Wie Baden insgesamt ist auch die etwa 2700 Hektar große Weinregion zwischen Baden-Baden und Offenburg vor allem Burgunderland. Neben dem Spät- finden sich hier Grau- und Weißburgunder, wenn auch in geringerem Umfang als beispielsweise am Kaiserstuhl oder im Breisgau. Erstaunlich hingegen ist die Riesling-Dominanz bei den Weißweinen. Und, in der Tat, wer hätte schon solch rassige und elegante Rieslinge im heißen Baden erwartet! Als Klingelberger blickt die deutsche Königssorte indes in der Ortenau auf eine eigene spannende und ziemlich lange Historie zurück.

Rieslinge mit unverwechselbarem Terroir – hier finden sie sich um Durbach herum wie im Baden-Badener Rebland. Eine ganz eigene Ortenauer Geschichte von geradezu anekdotischem Charakter kann schließlich auch der Sauvignon Blanc erzählen, der sich in Deutschland heute großer Beliebtheit erfreut. Wer die Weinbauregion Ortenau näher erkundet, wird freilich bald feststellen, dass es nicht bei diesen Entdeckungen, nicht bei den genannten Überraschungen bleibt.

„Wein ist die Nachtigall unter den Getränken."

Voltaire

Die Welt der Großen Weine

Von Otto Geisel

Große Weine – da denkt man an Bordeaux, Burgund oder das Piemont. Aber an deutsche Regionen? An deutschen Wein? Was früher galt, hat mit der Realität von heute indes nicht mehr viel zu tun. Tatsächlich gibt es durchaus deutsche Weine, die die Welt, die Weinwelt im Besonderen, in Erstaunen versetzen. Es sind Weine, die Individualität und Charakter zeigen. Weine, die eine Landschaft erkennen lassen. Weine, die von einem ganz bestimmten, unverwechselbaren Terroir geprägt sind. Weine, die hohen und höchsten Ansprüchen genügen. Große Weine eben.

Die Ortenau zählt gewiss zu den schönsten Weinlandschaften in Europa und weltweit. Warum sollten hier nicht Große Weine reifen? Die Winzer in dieser Region sind von enormem Ehrgeiz beseelt. Zudem ist diese Landschaft von der Natur hervorragend ausgestattet. Zwischen Rheinebene und Schwarzwaldbergen herrschen ideale Bedingungen für Reben und Reifeprozesse. Der Spätburgunder findet hier seine schönsten Ausprägungen. Doch auch der Riesling, die deutsche Paraderebsorte, ansonsten nicht unbedingt ein badisches Gewächs, erklimmt ungeahnte Höhen.

Hinzu kommen regionale Spezialitäten, die auf eine lange Tradition zurückblicken. Und heute wieder oder immer noch gepflegt werden. Doch dies ist nur ein Teil des Erfolgsgeheimnisses. Die Winzer dieses Landstriches sind ungewöhnlich weltläufig, nicht nur wegen der Nähe zu Frankreich.

Sie blicken über den eigenen Wein-Nabel hinaus, sind aufgeschlossen für Neues und für Erfahrungen zugleich. Vor allem aber verneigen sie sich vor ihrer Region. In der Ortenau sich auf die Suche nach Großen Weinen zu begeben, ist heute ein Leichtes. Am Ende fällt nur die Auswahl schwer.

In durchaus ähnlicher Weise haben einst die bekannten großen Weinregionen ihren Aufstieg genommen. Im Burgund waren es die Zisterzienser, die das Wissen um den Wein mehrten, die Besonderheiten von Böden und Lagen erforschten und so den Regionalitätsgedanken beförderten. Sie schufen die Grundlage für ein herausragendes Weinanbaugebiet. In Bordeaux spielte der Preis eine tragende Rolle bei der Qualitätsentwicklung. Je besser der Wein war, desto höhere Preise konnten seinerzeit die Pariser Weinhändler erzielen.

In Italien vollzog sich in dieser Zeit ebenfalls ein bedeutsamer Wandel: Damals machten sich die Winzer im Piemont Gedanken darüber, wie sie ihre Weine besser haltbar und transportfähig machen konnten. In Experimenten wurden die Weine „gegerbt", in verschiedene Holzfässer gefüllt, gelagert und immer wieder wurde probiert. Am Ende waren auch hier die Stars geboren: Barolo und Barbaresco.

Aber auch Deutschland kann auf eine Geschichte mit Großen Weinen zurückblicken. Vor gut einhundert Jahren galten die edelsüßen Kreszenzen von Rhein und Mosel, zum Teil auch aus anderen Anbaugebieten, als die nobelsten und teuersten Weine der Welt. Sie standen auf den Weinkarten der feinsten und bekanntesten Restaurants, in Paris ebenso wie auf den damaligen Hochsee-Luxuslinern.

Die Ortenau knüpft heute dort an. Private Weingüter wie auch Genossenschaften wetteifern um höchste Qualität und regionale Identität. Der Aufstieg der Weinregion macht Staunen. Wo, wenn nicht im Wein zeigen sich die Früchte dieser großartigen Arbeit.

Schloß Staufenberg
trocken
SPÄTLESE
Erzeugerabfüllung
B A D E N
0,75 l

schloß Staufenberg
aminer · trocken
ÄTLESE
Durbacher Sch
Gewürztra

Reinhard J. Strickler

Weingut Gut Nägelsförst, Baden-Baden-Varnhalt

„Man muss den Boden als einen lebendigen Organismus begreifen, muss wissen und respektieren, was sich unter unseren Füßen abspielt."

An Geschichte und Geschichten ist das malerisch auf dem Varnhalter Klosterbergfelsen inmitten des Baden-Badener Reblandes gelegene Gut Nägelsförst überreich. Nicht nur, weil es bis auf das Jahr 1268 zurückgeht, als es von Zisterzienserinnen des Klosters Lichtental gegründet wurde, oder weil die Nonnen hier bereits 1344 die ersten Reben pflanzten. 500 Jahre später, um ein weiteres Beispiel zu nennen, haben nach Amerika ausgewanderte Badener mehrere Dutzend Fässer des Nägelsförst-Weines nach Boston verschifft, um so ihr Heimweh zu lindern. Auch Königin Silvia von Schweden schätzt den Wein von Gut Nägelsförst, dessen Lagen Klosterbergfelsen, Neuweierer Mauerberg und Umweger Stich den Buben zu den besten um Baden-Baden gehören. Reinhard J. Strickler, seit 1993 Eigentümer von Nägelsförst, übernahm das Gut mit damals gerade zehn Hektar Rebland. Der 64-Jährige ist weder Winzer noch Kellermeister, doch längst ist ihm der Wein, wie er eingesteht, „vom anfänglichen Hobby zur Passion geworden". Inzwischen besitzt er 34 Hektar Rebfläche, nur die besten Lagen, die freilich auch nur mühsam per Hand zu bearbeiten sind. Strickler: „Diese Weinberge sind Juwelen, die nur noch geschliffen werden müssen."

Er kann über die vermeintlichen Experten nur noch müde lächeln, die kenntnisreich über ihr „Terroir" sprechen, nachdem sie ein paar Zentimeter des Bodens begutachtet haben. Er kennt die Nägelsförst-Lagen nicht nur oberflächlich – und das ist durchaus wörtlich zu nehmen: „Wenn man etwas für 100 Jahre oder mehr anlegen will, muss man schon einmal tiefer graben." Hier sind es bereits über 20 Löcher mit bis zu 2,5 Metern Tiefe.

Dort stieß der französische „Terroir-Papst" Claude Bourguignon, den Strickler 2005 als erster Winzer nach Deutschland holte, auf Bodengegebenheiten, die ihn nach anfänglicher Skepsis ins Schwärmen geraten ließen. Mittlerweile kommt der international gefragte Fachmann ein- bis zweimal jährlich nach Gut Nägelsförst. Und Strickler weiß längst: „Der Boden hier ist nicht nur geschichtsträchtig, er ist vor allem ein lebender Organismus."

Man kann viel von ihm lernen, wenn der „Quereinsteiger" sich so in Rage redet über die Unvernunft mancher Winzer, aber auch Begeisterung zeigt für seine Weine. An der Spitze stehen hier die klassische Rebsorte Riesling mit 40 Prozent sowie der Spätburgunder mit 35 Prozent der Weinbergfläche. Das übrige Viertel entfällt vor allem auf Weißburgunder, Grauburgunder, Chardonnay, Sauvignon Blanc und Gewürztraminer.

Der Weinführer Gault Millau ebenso wie der „Eichelmann“ und die anderen Fachmagazine, von „Der Feinschmecker“ über „Vinum“ bis zu „Alles über Wein“, geraten ins Schwärmen, wenn sie über die Nägelsförst-Weine berichten. Es sind Große Weine, die je zu rund einem Drittel an die gehobene und Spitzengastronomie, an den Fachhandel und schließlich an Verbraucher gehen, die direkt auf dem Gut einkaufen.

150 000 Liter Wein produziert das Weingut in einem normalen Jahr. Was aber ist ein „normales Jahr“? Wenn sich die Rebe gesund ernähren kann, wenn sie – wie in den Lagen des Guts Nägelsförst – auf günstigem Terroir tief genug wurzelt, dann kann sie Witterungsschwankungen locker wegstecken. Auch den befürchteten Klimawandel. Bei einem Meter Wurzeltiefe speichert der Rebstock bereits 200 Liter Wasser: „Das ist ein gewaltiges Reservoir, das über manche Trockenperiode hinweghilft.“

Voraussetzung freilich ist, dass man den Boden als lebendigen Organismus begreift, dass man weiß und respektiert, was sich unter unseren Füßen abspielt. Wenn man sich danach richtet, fühlt sich der Organismus Rebe wohl, dann macht sich der gute Wein quasi von allein. „Die Qualität kommt vom Weinberg. Im Keller kann man nur noch die vorhandene Qualität herausarbeiten, ihr vielleicht noch eine bestimmte Richtung geben.“

In Nägelsförst ist dies gelungen. Das Ergebnis funkelt im Glas wie Diamanten.

Andreas Krolik
Brenner’s Park-Hotel & Spa, Baden-Baden

Stubenküken aus der Wantzenau und Bretonischer Hummer mit fruchtiger Apfel-Currysauce und Sommergemüse. „Ein leichtes Sommergericht auf der schönen Terrasse des Park-Restaurants genießen, dazu einen 2005er Riesling Varnhalter Klosterbergfelsen vom Traditionsweingut Nägelsförst – eine perfekte Kombination. Der Riesling, reif mit typischer Apfelnote und feiner Säure, bildet mit diesem Gericht eine wunderbare Harmonie. Frucht, feine Säure und Frische ergänzen sich wunderbar, ohne den feinen Eigengeschmack von Hummer und Stubenküken zu dominieren.

Alle Jahre wieder freue ich mich auf die Jungweinverkostung auf Gut Nägelsförst. Dort hatte ich vor zwei Jahren auch das erste Mal Gelegenheit, diesen Wein zu probieren und war gleich sehr angetan davon.

Für das Gericht das ganze Stubenküken in Geflügelfond pochieren und den Hummer kurz in einer Court Bouillon kochen. Aus dem Stubenkükenfond mit Äpfeln, Champignons, Wurzelgemüse, Jaipurcurry, Ingwer, Zitronengras, Koriandersamen, Kardamom, Riesling und Sahne einen fruchtigen Apfel-Currysud zubereiten. Brust und Keule des Stubenkükens in Olivenöl auf der Haut anbraten, das Hummerfleisch kurz miterwärmen. Alles schön auf einer bunten Mischung aus Sommergemüse arrangieren, Apfel-Currysud mit etwas Limonen-Olivenöl aufschäumen und um das Gericht geben.“

2005 Riesling Varnhalter Klosterbergfelsen Spätlese trocken

Freundliches, warmes Gelb. Im ersten Augenblick ein Hauch von Rauch und Petrol, was auf einen wunderbar ausgereiften Wein hindeutet. Rasch kommen kräutrig-duftige Noten hinzu, die die Sinne einnehmen. Auch ein süßer Kern, erinnernd an Birne und Aprikose, ist bei diesem trockenen, weitgehend durchgegorenen Wein spür-, riech- und schmeckbar. In der Nase nimmt sich diese Süße fast so aus, als handele es sich bei diesem Riesling um eine edelsüße Kreszenz.

Wenn sich dieser Riesling im Glas nach und nach erwärmt, passiert Unglaubliches: Assoziationen an Blumenwiesen und Blütenhonig werden wachgerufen. Ein Wein voller Finesse, Eleganz und Extrakt, wie er nicht in jedem Jahrgang gelingen mag, gar nicht gelingen kann.

Ein voller, kräftiger, ausgesprochen gediegener Riesling, der allerdings durch eine ganz eigene Würze und Mineralität besticht. Keine vordergründige Fruchtigkeit, dafür eine schöne, recht verborgene Säurestruktur mit einem langen Nachhall. Das hervorstechende Merkmal dieses Weines ist seine Geschliffenheit, für die ganz ohne Zweifel das im Weinbaugebiet Baden seltene Terroir verantwortlich ist: weniger die steilen Südlagen, die gibt es häufiger, aber ein vulkanischer, von Schiefer durchsetzter Gesteinsboden.

Alexander Spinner

Weingut Schloss Neuweier, Baden-Baden-Neuweier

„Der Kellermeister kann die Qualität des Weines nicht herbeizaubern, die entsteht im Weinberg, er kann sie nur erhalten – und er muss darüber wachen, dass sie optimal erhalten bleibt."

Auf Tradition legt Gisela Joos, seit 1992 Eigentümerin und Geschäftsführerin des Weingutes Schloss Neuweier, das im gleichnamigen Stadtteil Baden-Badens liegt, großen Wert – auch wenn es sich dabei gar nicht unbedingt um die Tradition der eigenen Familie handeln muss. Und so ist es ihr zu verdanken, dass Schloss Neuweier, dessen Anfänge bis in das 13. Jahrhundert zurückreichen und das sich vermutlich über einer noch älteren römischen Anlage erhebt, heute wieder zu einem Schmuckstück, zu einem der prägnanten Wahrzeichen der Baden-Badener Weinregion geworden ist.

Es ist freilich nicht die beeindruckende Architektur des Schlosses allein: Es ist der vielfach ausgezeichnete Wein, vorwiegend der Riesling, der hier wächst und der unter dem wachsamen Auge von Kellermeister Alexander Spinner ausgebaut wird. Dass der 43-Jährige, der seit 15 Jahren auf Schloss Neuweier tätig ist, sich dem Wein verschrieben hat, verwundert eigentlich nicht: Er stammt aus Durbach. Ein Lehrer hätte er vielleicht auch werden wollen, doch schon als Schüler arbeitete er in den Ferien auf dem Gräflich Wolff Metternich'schen Weingut in Durbach, wo sein Großvater Kellermeister war, der Vorgänger von Franz Schwörer. Und schließlich, „in Durbach eigentlich fast selbstverständlich", bearbeiten seine Eltern in Durbach einen eigenen kleinen Weinberg.

So liegt ihm der Weinbau also im Blut – und er weiß, wovon er spricht, wenn er die Rolle des Kellermeisters so beschreibt: „Er kann die Qualität des Weines nicht herbeizaubern, die entsteht im Weinberg, er kann sie nur erhalten – und er muss darüber wachen, dass sie optimal erhalten bleibt."

Die Lagen des Weingutes Schloss Neuweier mit ihren Granit- und Porphyrverwitterungsböden sind hervorragend. Rund 16 Hektar sind es mittlerweile; fünf Hektar davon, allesamt beste Lagen, wurden erst in den vergangenen drei Jahren dazu gekauft. Ja, selbst beste Lagen gibt es immer wieder auf dem Markt, bestätigt Betriebsleiter Jürgen Güntert, weil die jungen Leute häufig die nur mühsam zu bewirtschaftenden Steillagen von den Eltern nicht übernehmen wollen. Ein Generationenproblem.

Wie gut die Lagen um Schloss Neuweier sind, etwa der Schlossberg, der Mauerberg, dessen Filetstück, das „Goldene Loch", vom Verband Deutscher Prädikatsweingüter als „Großes Gewächs" klassifiziert worden ist, und der Heiligenstein – das spiegelt sich in den zahlreichen Auszeichnungen wider, sowohl für das

Weingut, das seit Jahren zu den 100 besten in Deutschland gezählt wird und das mit drei Trauben im Gault Millau bedacht wurde, als auch für die Weine selbst. Der Riesling, der mit 85 Prozent den Hauptanteil an den Sorten hat (hinzu kommen Spätburgunder, Weißburgunder und Gewürztraminer) gehört seit Jahren nicht nur zu den „Top Ten" in der Ortenau, ihm verdankt das Weingut beispielsweise auch einen 1. Platz beim „Deutschen Riesling Erzeugerpreis 2001".
Das ist, davon sind Kellermeister Alexander Spinner und Betriebsleiter Jürgen Güntert fest überzeugt, nicht nur das Ergebnis des günstigen Klimas und des optimalen Bodens, sondern auch der „Philosophie" von „Schlossherrin" Gisela Joos, „Qualität statt Quantität" anzustreben. Dieses Ziel haben sie erreicht.
Nach wie vor werden die Riesling-Weine „nach altem Recht" im Bocksbeutel abgefüllt. Den haben die einstigen Herren des Schlosses, die Familien von Elz und Knebel von Katzenellenbogen, dank ihrer Beziehungen zu Würzburg eingeführt, woran die Franken auch später nichts ändern konnten. Und auch wenn selbst die Etiketten, die eine Abbildung des Schlosses Neuweier zeigen, eine hundertjährige Tradition haben, so wird in einem Punkt nicht auf die traditionsreiche Vergangenheit, sondern auf eine erfolgreiche Zukunft geschaut: beim streng reduzierten Ertrag mit unter 50 Hektolitern pro Hektar. Dafür müssen Opfer gebracht werden, doch nur so ist es möglich, die Spitze zu erreichen und sie auch zu halten.

Armin Röttele
Restaurant im Schloss Neuweier, Baden-Baden-Neuweier

Geräucherte Lachsforelle an Meerrettichrisotto.
„Im Weinbau nennt man das Aufpfropfen neuer Triebe auf alte Wurzeln „Veredelung". Es ist die leichte mediterrane, italienische Küche, „La Cucina della Passione" – die Küche der Leidenschaft –, die ich mit meiner kulinarischen Erfahrung und den Wurzeln der badischen Küche veredeln möchte.
Ein Meerrettichrisotto neben der geräucherten Lachsforelle und dem 2006er Neuweierer Schlossberg Alte Reben ist eine Vermählung der besonderen Art. Die Kombination aus leicht süßlichem Reiskorn, der Schärfe des Meerrettichs, den Raucharomen des Fischs und der fruchtbetonten Säure des Rieslings ist ein ganz außerordentliches Geschmackserlebnis für den Gaumen. Alternativ könnten es aber auch pikante Gemüseravioli sein, mit Flusszander in Curry gebraten auf Zitronengras-Ingwersauce. Der Riesling ist ein hervorragender Begleiter zu ausdrucksstarken, rassigen und vollmundigen Gerichten."

2006 Neuweierer Schlossberg
Alte Reben Spätlese trocken

Gelb mit grünen Reflexen. Der Duft reifer Aprikosen und rotbackiger Weinbergpfirsiche springt regelrecht in die Nase. Auch ein Hauch Exotik ist nicht zu leugnen. Doch dominiert am Anfang wie am Schluss die Aprikose, vielleicht sogar, weil es so intensiv anmutet, in Form einer frisch eingekochten Marillenmarmelade.
Dieser Wein bleibt indes nicht nur im ersten flüchtigen Moment des Kennenlernens hinreißend. Der Eindruck hält viel, viel länger, was er verspricht: Der Riesling hat Substanz, trotz seiner verspielten Leichtigkeit. Und er hat einen süßen Kern, der freilich umgeben wird von einer besonders feingliedrigen Säure. Die Neuweierer Säure hat – um es in die moderne Computersprache zu übersetzen – wahrscheinlich wesentlich mehr Pixel als die anderer Rieslinge.
Die Stärken der deutschen Paradesorte kommen hier grandios zur Geltung: Mineralität und Tiefgründigkeit, Komplexität und Brillanz. Zugleich reflektiert dieser Wein sein Terroir, seine Lage, die sicher zu den bedeutendsten, aber auch ungewöhnlichsten Riesling-Lagen in ganz Deutschland zählt.

Holger Dütsch

Weingut Holger Dütsch, Baden-Baden-Neuweier

„Wenn ich in den Reben bin, wenn ich im Weinberg arbeite, dann stelle ich mir genau vor, wie der Wein schmecken soll und auch wird."

Das Wort „Philosophie" schätzt Holger Dütsch in der Welt der Weine eigentlich nicht. Er spricht lieber von seiner tiefen Überzeugung: „Mir geht es um interessante, trinkbare Weine." Und wie kommt man dazu? „Wenn ich in den Reben bin, wenn ich im Weinberg arbeite, dann stelle ich mir genau vor, wie der Wein schmecken soll und auch wird."

Das hört sich denkbar einfach an. Doch Holger Dütsch arbeitet hart, um aus seinen 3,3 Hektar Rebfläche das Bestmögliche herauszuholen. Erst im Jahr 2004 begann er seine Karriere als selbstständiger Winzer im Baden-Badener Stadtteil Neuweier in der Vorgebirgszone des Nordschwarzwaldes mit den Weinlagen Neuweierer Mauerberg und Altenberg. Und mittlerweile gehört er zu den Spitzenwinzern im Land. Ein geradezu kometenhafter Aufstieg!

Nun, ein Anfänger in Sachen Weinbau war Holger Dütsch natürlich nicht, als er mit seiner Familie den Entschluss fasste, sich selbstständig zu machen. Drei Jahre arbeitete er als Technischer Betriebsleiter auf einem Weingut in Südtirol, dann von 1998 bis 2004 als Betriebsleiter auf dem Weingut Schloss Neuweier. Er muss viel gelernt haben in dieser Zeit, so viel, dass der Wunsch in ihm reifte, auf eigene Rechnung und eigenes Risiko, aber auch nach bestem Wissen ans Werk zu gehen: „Ich bin ein Überzeugungstäter."

Das Ergebnis ist den Weinkennern im Land bekannt – und nicht nur ihnen. Der Weinführer Gault Millau 2007 führt den „Aufsteiger" gleich mit zwei Trauben auf und rühmt seinen Riesling Spätlese Finesse als ein „Meisterstück". Seine leichten Kabinettweine wie auch die Spätlesen überzeugen „durch ihre prägnante Rieslingfrucht und durch den Terroircharakter". Die Fachliteratur feiert sein Weingut als „empfehlenswert", hat ihn in den erlauchten Kreis der besten deutschen Weinerzeuger aufgenommen.

Der 40-jährige Vater zweier Kinder, dessen Frau Hannelore als Obst- und Gartenbauberaterin arbeitet, aber ihm natürlich auch beim Weinverkauf tatkräftig zur Seite steht, weiß ganz genau, was er will. Und er hat bewiesen, dass er auch erreicht, was er sich vornimmt. Vom „Aufsteiger" kann längst nicht mehr die Rede sein. Er gehört bereits jetzt zu den Großen.

Von der Ertragsmenge her freilich gehört sein Weingut eher zu den kleinen. 25 000 bis 30 000 Flaschen Wein pro Jahr zu erzeugen, das ist sein Ziel. „Weniger ist mehr", das ist sein Motto. Das bedeutet eine selektive Lese in Handarbeit, und zwar mit eigener Hand, ohne

anzuwerbende Saisonarbeiter; das bedeutet darüber hinaus eine äußerst schonende Traubenverarbeitung und eine umsichtige Kellerwirtschaft. Mehr kann ein Einzelner gar nicht leisten.
Gerade erst hat Holger Dütsch seine neuen Keller- und Lagerräumlichkeiten in der ehemaligen Mühle von Neuweier bezogen, die zuletzt von einer Bäckerei genutzt wurde. Sein 2007er Jahrgang ist der erste, den er dort eingekeltert hat.
80 Prozent des Ertrages macht der Riesling aus, seine wichtigste Rebsorte, die auf den Weinbergen um Baden-Baden, eingebettet zwischen den Ausläufern des Schartenbergs (Granit) und des Ybergs (Porphyrgestein), ihre ganze Klasse und Rasse entfaltet. Mit zusammen 15 Prozent folgen der Spätburgunder und – als seltene Spezialität in der Ortenau – der Blaufränkische, ein dunkler, herzhafter Rotwein. Etwas Silvaner schließlich rundet das Angebot ab.
Holger Dütsch ist ein Beispiel dafür, dass es auch ohne generationenschwere Weinbauvergangenheit möglich ist, an die Spitze zu gelangen. Ob er damit in seiner Familie eine Tradition aufbaut, ob eines seiner Kinder eines Tages den Weinbau weiterführen wird, vermag er nicht zu sagen. „Die Kinder sehen natürlich auch, wie viel Arbeit damit verbunden ist."
So bleibt ihm nur wenig Zeit für sein Hobby, sonntags mit der Segeljolle in See zu stechen, auch wenn es nur ein Baggersee ist. Und vermutlich wird er auch dort an seine Reben, seinen Wein denken. Wie wird er diesmal ausfallen?
Wohl so, wie in den Jahren zuvor: „Zuerst probieren die Leute vorsichtig – und kurz darauf verlangen sie nach dem zweiten Glas."

Sophie & Stéphan Bernhard Restaurant Le Jardin de France, Baden-Baden

Capuccino von Hummer und Langustinen auf Erbsenpüree. „Ein guter Tropfen und ein gutes Essen gehen für jeden Feinschmecker Hand in Hand. Wer ruh- und rastlos aus dem Alltag in unserem Restaurant ankommt, der will mit atemberaubenden Genussmomenten überrascht werden. Wir empfehlen doppelten Genuss – mit einem hors d'oeuvre und dem 2006er Riesling Finesse Spätlese trocken vom Weingut Dütsch, der perfekt damit korrespondiert.
Die Vorspeise wird in einem Glas angerichtet. Wie beim Wein kommt auch hier der Augenschmaus zuerst: Bevor er probiert, erfreut sich der Gast an den Farben. Die pürierten Erbsen zeigen sich im kräftigen Sommergrün, darauf kommen das kurz pochierte Hummermedaillon und die in Olivenöl gebratenen Langustinen Royale. Kurz vor dem Servieren gibt die Küche als Sahnehäubchen etwas Karottenschaum hinzu und „parfümiert" das Ensemble mit einem Schuss Öl von gegrillten Erdnüssen.
Völlig neue Genusswelten öffnen sich für den Genießer! Die schaumig-zarte Konsistenz der Saucen und Pürees und der Geschmack der Meerestiere unterstützen die Eleganz des Weines. Sein fruchtig-frisches Bukett schmeckt aufregend im Gaumen. Wir wünschen bon appétit!"

2006 Riesling Finesse
Spätlese trocken

Sehr helles Gelb mit grüner Begleitung, erinnert beinahe an Quellwasser. Saftig, fruchtig: ein Wein, bei dem man ohne Zaudern nachschenkt. Die angenehm unaufdringliche Säure tut dabei ein Übriges.

In der Nase macht sich ein Hauch von reifen grünen Äpfeln bemerkbar, dazu kommen angenehm hefige Töne. Auch die Assoziation von Eisbonbon mag sich einstellen. Auf die Zunge und an den Gaumen trifft ein geschmeidiger, weicher Riesling, der ganz und gar schlank ist und dennoch Schmelz zu haben scheint, wiewohl der niedrige Alkoholgehalt eher zu nördlicheren deutschen Rieslingregionen passt. Im Nachhall überwiegen feine Zitrusnoten.

Sauberstes Lesegut, größtmöglicher Reifezustand, so wenig Eingriffe und Einflussnahme im Keller wie es nur geht – so könnte man Holger Dütschs Philosophie beschreiben, die in diesem Wein ihren wohl besten Ausdruck findet. Dazu gehören viele Stunden sorgfältiger Arbeit im Weinberg und eine extrem schonende Behandlung des Leseguts im Keller.

Die Reben sind alt, die Lage ist das beste Stück vom Mauerberg, mit einer dem Hang folgenden Ausrichtung nach Südosten, Süden und Südwesten. Der Wind sorgt an diesem Abschnitt für eine gute Durchlüftung. Dieses besondere Terroir verleiht dem Wein Mineralität und besagte Quellwasser-Frische.

Ewald Kopp

Weingut Kopp, Sinzheim-Ebenung

„Unheimlich viele Schritte sind nötig, um einen guten, einen Großen Wein zu machen. Qualität kommt eben doch von quälen."

Wenn der Weinführer „Eichelmann" schwärmt: „Die Spätburgunder gehören an die Spitze. Auch die Weißweine sollte man nicht vergessen, die zuverlässige Qualität auf hohem Niveau bieten"; wenn der Gault Millau es auf den Punkt bringt: „Die Kollektion ist makellos"; wenn der Badische Weinbauverband 2006 für neun ausgestellte Weine sechsmal eine Gold- und dreimal eine Silbermedaille verleiht; wenn schließlich die Wände im Verkaufsraum kaum noch einen freien Platz für weitere Urkunden bieten – dann fragt man sich: Wie macht Ewald Kopp das?

Ewald Kopp hat eine flotte und eine nachdenkliche Erklärung parat. Die flotte: „Es gibt kein schlechtes Wetter, nur schlechte Kleidung. Es gibt keinen schlechten Jahrgang, nur schlechte Arbeit im Weinberg und im Keller." Die nachdenkliche: „So unheimlich viele Schritte sind nötig, um einen guten, einen großen Wein zu machen. Durch unseren kleinen Familienbetrieb habe ich noch die Möglichkeit, vom Schneiden des Rebstocks über Ertragsausdünnung und Lese hinweg bis hin zur Arbeit im Keller alles selbst zu machen, nichts aus der Hand zu geben." Und lächelnd zitiert er einen Kollegen: „Qualität kommt eben von quälen."

Ewald Kopp, 1963 geboren, übernahm als 20-Jähriger zusammen mit seiner Frau den väterlichen Betrieb, damals gerade 2,5 Hektar Rebfläche. 1996, inzwischen waren es bereits 6,5 Hektar an den Süd- und Südwesthängen des Fremersberges zwischen Baden-Baden-Varnhalt und Sinzheim, wagte der gelernte Landmaschinenmechaniker den Sprung in die Selbstvermarktung und verließ die Winzergenossenschaft, in der sein Bruder Emil der Geschäftsführer ist.

Es war ein durchaus schwieriger Weg, zu dem auch ein einjähriges Praktikum im Weingut Bernhard Huber in Malterdingen gehörte, doch der Erfolg hat ihm Recht gegeben. Heute verfügt das Weingut Kopp bereits über elf Hektar Rebfläche, auf deren roten Buntsandstein- und Granitverwitterungsböden sein vollmundiger Rotwein reift und deren tiefgründige Lehmböden den rassigen Riesling oder den eleganten Chardonnay gedeihen lassen. Bereits die Mönche des Jesuitenkollegs im benachbarten Baden-Baden, so weiß Ewald Kopp zu berichten, schätzten die Vorzüge dieser begünstigten Lage und bewirtschafteten in Ebenung lange Zeit ein Weingut.

Diese beiden Rebsorten, der Spätburgunder und auch der Riesling, machen mit jeweils 35 Prozent die Hauptproduktion aus. Hinzu kommen noch Weißer Burgunder, Grauburgunder, Chardonnay und Sauvignon Blanc. 50 000 bis 60 000 Flaschen vorzüglichen Weines produzierte er jeweils in den letzten Jahren. Durch die Vergrößerung der Rebfläche werden es künftig wohl um die 70 000 sein.

Das ist erstaunlich viel für einen Familienbetrieb; das ist sogar unvorstellbar viel für einen Menschen, der bei jedem Schritt der Weinerzeugung selbst dabei sein will. Der klipp und klar erklärt: „Im Keller lass ich keinen anderen ran!" Ein Kellermeister nämlich, der bei der Lese nicht dabei ist und der nicht, wie Ewald Kopp, die Traube vorher in der Hand hält, der sie begutachtet und abwägt, wann sie vom Stock muss – ein solcher Kellermeister, der die Trauben nur noch angeliefert bekommt, „sieht nicht den Schweiß".

„Ich habe meinen eigenen Kopf", erklärt er schmunzelnd, und fast hört es sich so an, als ob er seinen eigenen Namen variiert. Und tatsächlich hat er ja auch noch seinen „eigenen Kopp", seinen 18-jährigen Sohn nämlich, der gerade seine Ausbildung als Weinküfer macht – und der bestimmt die Fortführung des Familienbetriebs in die dann vierte Generation sichern wird.

Ihm wird der Vater eines Tages ein gut bestelltes Feld übergeben können. Doch heute denkt Ewald Kopp natürlich längst noch nicht ans Aufhören. Was wären seine Weinberge ohne seine kundige Hand, ohne seinen prüfenden Blick, ohne seine kenntnisreiche Pflege? Was wären die Kunden, die zu dem zwischen den Weinbergen versteckten Gut pilgern, was wären die Gastronomie und der Fachhandel ohne Ewald Kopp? Sie wären auf jeden Fall ärmer.

Joachim Peter
Hotel-Restaurant Heiligenstein, Baden-Baden

Seeteufelmedaillons an Chili-Sauce. „Der 2006er Chardonnay vom Weingut Kopp harmoniert hervorragend mit kräftigen Speisen. Wir empfehlen ihn sehr gerne zu exotischen Gerichten wie den Seeteufelmedaillons an Chili-Sauce. Dazu werden die Seeteufelmedaillons mit Limettensaft beträufelt, gesalzen und kurz, aber kräftig auf beiden Seiten angebraten. Für die Sauce etwas Fischfond mit einem großzügigen Schuss Chardonnay, etwas Kokosmilch und Sahne einreduzieren und mit Salz und Thai-Chili-Pulver abschmecken. Als Beilage eignet sich Gemüse aus dem Wok und ein duftintensiver thailändischer Jasminreis.

Unser kleines, feines Landhotel ist umgeben von Weinbergen, das animiert natürlich unsere Gäste zum Verkosten der Weine aus der Region. Vor allem unsere ausländischen Besucher sind stets sehr überrascht und begeistert von der Qualität, die sie im Glas vorfinden. Dass wir in Deutschland gute Weißweine machen, hat sich ja inzwischen herumgesprochen, aber bei den Weinen von Ewald Kopp, vor allem auch bei den roten Burgundern, geraten unsere Gäste immer wieder ins Schwärmen."

2006 Chardonnay trocken

Changiert zwischen Gelb und Goldgelb. In der Nase Anklänge an Banane und Mandelcremeschnitte. Ein Wein mit Schmelz. Aber nicht nur: Der Start ist buttrig-cremig, doch sogleich wird der Geruchssinn vom Geschmackssinn korrigiert. Auftritt: eine herrliche Säure und eine überaus jugendliche Frische, nach der manch ausländischer Chardonnay sich noch so sehr strecken mag – ohne Erfolg.

Mit einem solchen Vertreter der Rebsorte wäre es gewiss niemals zum ABC-Spott gekommen: All but Chardonnay! Alles, nur nicht Chardonnay! Gemeint waren autobahnbreite, verholzte Weine, nach einem weltweit einheitlichen Geschmacksbild. Kopps Vertreter der international weit verbreiteten Rebsorte verbirgt hingegen sein ureigenes Terroir mitnichten.

Er hat Power, ist aber nicht überladen. Die beinah stählern zu nennende Geradheit zeigt, welchen Weg man mit diesem Wein eben auch beschreiten kann. Man mag es so ausdrücken: Ein großer Chardonnay braucht nicht zwingend ein Holzfass zur Reifung. Hauptsache, das Lesegut ist kerngesund, der Ertrag wird konsequent reduziert und die Lage passt.

Letzteres darf getrost angenommen werden: Gut getan haben diesem Wein wahrscheinlich sowohl der schwere Lehmboden in den schon flacheren, rheinnahen Rebanlagen des Weinguts, der sich im Frühling nur langsam erwärmt, als auch die recht kühlen Nächte. Das gibt ihm Frucht und verleiht ihm Tiefgründigkeit.

Leo Klär

Affentaler Winzergenossenschaft, Bühl-Eisental

„Bei uns, bei der großen Anzahl kleiner Flächen, steht der Chef noch selbst im Weinberg, und so verfügen wir über einen äußerst gepflegten Bestand.“

Wohl jeder Weintrinker kennt es, aus eigener Anschauung, vielleicht auch noch von den Eltern: das goldige und goldene Äffchen, das sich um die Weinflasche klammert: Bereits 1949 wurde der Affentaler Spätburgunder in eine solche Flasche abgefüllt, und bis heute ist der Affe ein Erkennungszeichen für die Weine der Affentaler Winzergenossenschaft in Bühl-Eisental geblieben. Und das nicht nur in Deutschland: Selbst in die USA werden jährlich über 100 000 der Monkey-Bottles exportiert.

Es ist dies nicht die einzige Besonderheit der Winzergenossenschaft, wie Leo Klär, seit zehn Jahren Kellermeister in Bühl-Eisental, zu erzählen weiß. Allein schon die Zusammensetzung der Genossenschaft ist bemerkenswert: Ihr gehören etwa 950 Winzer an, die eine Rebfläche von zusammen 235 Hektar bewirtschaften. Eine derartige Konstellation, so der 47-jährige Kellermeister, hat Vor- und Nachteile. Ein Nachteil ist der hohe Kommunikationsaufwand, der betrieben werden muss, um alle Winzer zu erreichen. Die Vorteile freilich machen das allemal wett: „Bei uns, bei der großen Anzahl kleiner Flächen, steht der Chef noch selbst im Weinberg.“ Und das wiederum bedeutet: „Wir verfügen über einen äußerst gepflegten Bestand.“

Bis zu zwei Millionen Liter Wein verlassen jedes Jahr den Keller der Genossenschaft, wobei der Riesling mit 44 Prozent und der Spätburgunder mit 38 Prozent die Spitzenstellung einnehmen. Apropos Spitze: Im Jahr 2002 wurde erstmals ein Wein der „Selektion Leo Klär“ abgefüllt – eine seltene Ehre für einen Kellermeister, und ein Zeichen der Anerkennung für seine Arbeit. „Es ging nicht darum, mich in den Olymp zu heben“, wiegelt Klär bescheiden ab. „Es war eigentlich mehr eine Idee des Marketings.“ Doch die Weine mit den Initialen SLK stehen inzwischen für höchste Qualität.

Wie Leo Klär zu seinem Beruf kam? Nun, er stammt aus der Ortenau, aus Kappelrodeck, und „hier kann man dem Wein kaum entweichen“. Allerdings erweiterte er seinen Blick, war in Südafrika tätig, dann auch als leitender Kellermeister der Winzergenossenschaft Wertheim in Tauberfranken, bevor es ihn wieder in seine engere Heimat zurückzog, die er auch als passionierter Radfahrer erkundet – und über deren Horizont er oft hinausgeht, als begeisterter Leser und reger Besucher von Kunstausstellungen.

Und sein Blick geht auch gern und kenntnisreich zurück in die Vergangenheit der Affentaler Genossenschaft, deren Geschichte, wenn man einmal

vom Weinbau am Lichtentaler Rebberg durch Zisterzienserinnen im 13. Jahrhundert absieht, eigentlich mit dem Jahr 1908 beginnt, als 24 Winzer den Naturweinbauverein Affental gründeten. Sie bauten nur Spätburgunder an. Es folgte, nachdem 1937 im benachbarten Eisental eine „Weißweingenossenschaft" gegründet worden war, 1959 der Zusammenschluss zur Winzergenossenschaft Eisental-Affental. 1973 schließlich stieß noch die Genossenschaft Altschweier-Kappelwindeck hinzu: das Geburtsjahr der heutigen Affentaler Winzergenossenschaft.

Gerade hatte die Winzergenossenschaft durch das Abfüllen von Wein in Buddelflaschen – als Antwort auf den rechtlich geschützten Bocksbeutel – von sich reden gemacht, da baute sie 1977 als erste Winzergenossenschaft in Baden Wein in kleinen Barrique-Fässern aus. Zunächst wurden sie von anderen badischen Weinerzeugern milde belächelt, doch schon bald zeigte sich, dass sie im Grunde nur ihrer Zeit voraus gewesen waren.

1991, das Verwaltungsgebäude mit Kellerei war gerade zehn Jahre alt, wurde bereits ein neuer Holzfasskeller zur Lagerung und Reifung der Spätburgunder Rotweine fertig gestellt. Hier ist das Reich Leo Klärs – und hier entsteht der berühmte Affentaler. Woher der Name eigentlich kommt? Auch hierauf weiß Leo Klär die Antwort: „In einem kleinen Seitental war in früher Zeit eine Klause, in der die Mönche sich mit dem Friedensgruß Ave begrüßten."

Über die Jahrhunderte wurde das Ave-Tal zum Affental. Und das Affental schließlich zum Markenzeichen.

Rolf Fischer
Hotel und Restaurant
Burg Windeck, Bühl

Geschmorte Rehschulter mit gebratenen Steinpilzen an Selleriepüree und badischen Spätzle.

„Dieses Wildgericht empfehle ich zum Spätburgunder der Affentaler. Die Weine dieser Winzergenossenschaft gefallen mir sehr gut, und auch unsere Gäste schätzen sie sehr.

Die Rehschulter brate ich zunächst scharf an, gebe Schmorgemüse dazu, lösche das Ganze mit Spätburgunder ab und schmore alles für ca. 2,5 Stunden im geschlossenen Topf bei 160 Grad Celsius im Backofen. Als Beilage eignen sich frische, gebratene Steinpilze, badische Spätzle und ein Selleriepüree, das ich wie folgt zubereite: Den Sellerie schälen, kleinschneiden, in Sahne mit Salz und Muskatnuss weich kochen und pürieren.

Ich wünsche einen guten Appetit und proste Ihnen gerne zu – mit der Spätburgunder-Auslese von Leo Klär und der Affentaler Winzergenossenschaft."

2005 Spätburgunder Auslese trocken

Kirschrot mit leicht bräunlichen Reflexen. Ein Duft, der an reife, vielleicht sogar kandierte Kirschen erinnert. Dazu treten ein Hauch von feuchtem Tannenholz, dunkler Schokolade, Tabak und Röstaromen. Diesen Spätburgunder zeichnet zudem eine ausgeprägte Gerbstoffstruktur aus. Nicht weiter verwunderlich, handelt es sich hier doch um einen Wein jener Genossenschaft, die wohl als erste in Deutschland überhaupt das Thema Barrique aufgriff und in noch schwieriger Zeit – in den späten 1970er Jahren – den Mut hatte, mit solch gebietsuntypischem Teufelszeug zu experimentieren.

Der Name Affental ist in der Weinwelt seit langem ein Begriff. Zum einen ist es sicher das Verdienst einer ungewöhnlichen Genossenschaft, die Pionierleistungen vollbrachte. Zum anderen liegt es am außergewöhnlichen Namen selbst, hinter dem freilich keine Affen stehen, wenn man auch schon früh auf die Flasche mit der Affenprägung setzte.

Das Lesegut dieses Weines war sehr reif, die Maische-Standzeit sehr lang. Im Unterschied etwa zu den Spätburgundern von Jacob Duijn fand die Gärung nicht offen, sondern im Drucktank statt. Elf Monate reifte der Spätburgunder schließlich im Barrique, bevor er auf die Flasche kam. Die Reben stehen an steilen Südhängen, überwiegend Granitverwitterungsböden, die heiß, karg und trocken sind. Der kräftige Körper und die prägnanten Tannine legen die Vermutung nahe, dass dieser Wein noch viele gute Jahre vor sich hat.

Jacob Duijn

Weingut Duijn, Bühl-Kappelwindeck

„Pinot Noir ist mein Leben.“

„Ich bin erst am Anfang. Wenn man heute denkt, man ist ganz oben, dann ist man morgen unten.“ Dieses Bekenntnis des Holländers Jacob Duijn (der Nachname spricht sich so ähnlich wie das Wort „freu'n“ aus) könnte so manchen seiner Kollegen schrecken. Denn sein Weingut in Bühl-Kappelwindeck, das er erst seit wenigen Jahren hauptberuflich betreibt, nachdem er 1994 mit einem kleinen Weinberg begonnen hatte, wurde nicht nur vom „Eichelmann“, der ihm auch gleich fünf Sterne verlieh, zum „Weingut des Jahres“ gekürt, er gehört nicht nur zu den „100 besten Winzern Deutschlands“, er produziert nicht nur „Deutschlands besten Rotwein“, nein: Er gehört – wie es „Alles über Wein“ auf den Punkt brachte – schlichtweg „zur Weltelite“.

Wie aber und wieso überhaupt kommt ein Holländer zum Wein? Der 52-Jährige lacht. Nein, er hat keine Ausbildung als Winzer oder Kellermeister genossen. Er hat Koch und Kellner gelernt, was ihn aber schon bald als Sommelier in die Spitzengastronomie brachte, unter anderem zu Eckart Witzigmann. Danach war er im internationalen Weinvertrieb tätig, so im Weinhaus Segnitz, Bremen. Er rückte dem Wein sozusagen immer näher. 1994 aber, als ihm der 70-jährige Emil Hils den Engelsfelsen hoch über dem Bühlertal zum Kauf anbot, griff er zu. Er beschloss, selbst Wein zu machen.

Und das ohne Kompromisse. War der Rotwein zunächst nur sein Hobby, so sagt er jetzt: „Pinot Noir ist mein Leben.“

Inzwischen ist er Besitzer von drei Weinbergen: dem Bühlertäler Engelsfelsen, auf dem die Selektion Duijn entsteht, dem Altschweierer Sternenberg, der den nach seiner Tochter Jannin benannten Pinot Noir hervorbringt, und schließlich noch die Einzellage Laufer Gut Alsenhof. Insgesamt zehn Hektar Rebfläche bewirtschaftet er, naturnah und biodynamisch, wobei selbst der Mond eine gewichtige Rolle spielt. „Die Mondphasen haben großen Einfluss auf das Leben“, erklärt er. Und ernst fügt er hinzu: „Wir brauchen die Natur, aber die Natur braucht uns nicht.“

40 000 Flaschen Pinot Noir entstehen jährlich in dem 300 Jahre alten Keller, in Fässern – auch da ist er konsequent, selbst wenn es kostspielig ist –, die er erst aussucht, wenn er weiß, wie der Wein im jeweiligen Jahr wird. Nuancen sind wichtig. Sie können von Parzelle zu Parzelle variieren.

Doch die Kunden gehen dessen ungeachtet davon aus: Duijns Wein ist immer Spitze. Und so kommt es, dass Jacob Duijn drei Viertel

seines Weines bereits verkauft hat, bevor er überhaupt in den Flaschen ist.
Ist es die bewusste Beschränkung der Erträge, ist es die Konzentration allein auf den Spätburgunder, ist es der Barrique-Ausbau? Was ist es, das den Erfolg von Jacob Duijn ausmacht? Nun könnte man einfach sagen, dass es wohl seine Verbindungen zu renommierten Gastronomen, Sommeliers und Köchen sind, über die er dank seiner langjährigen Tätigkeit in Gastronomie und Weinfachhandel verfügt.
Aber das ist es nicht allein. Damit ließe sich beispielsweise nicht erklären, dass sein Wein inzwischen in 25 Ländern gefragt ist. Nein, es ist wohl tatsächlich der selbst auferlegte Anspruch, keine Kompromisse einzugehen, wenn es um Anbau und Ausbau des Weines geht. „Weinberge sind wie Kinder", sagt er. „Jeder ist anders." Und man muss verstehen, jeden so zu behandeln, wie es ihm am besten bekommt. Nichts aus der Hand zu geben, weder im Weinberg noch im Keller, ist eine weitere Devise: ein Knochenjob – und eine Lebensaufgabe. Wer will Jacob Duijn eigentlich noch aufhalten auf dem Weg nach oben? Er ist dort doch längst angelangt. Seine Weine sind Kult.
Jacob Duijn hat mittlerweile fünf weitere Hektar Weinberge gekauft, und zwar in bester Lage. Auf drei Weißweinsorten will er sich hier spezialisieren: Riesling, Weißer Burgunder und Chardonnay.
Es scheint, als suche er eine neue Herausforderung, um erneut an die Spitze zu kommen.

Andreas Schäuble
Hotel und Restaurant
Bergfriedel, Bühlertal

Badische Rinderbäckchen in Rotwein geschmort.
„Jacob Duijns Weine führe ich schon seit 1997 auf meiner Karte. Er hat 1996, als auch wir unser Restaurant eröffneten, seinen ersten Jahrgang präsentiert. Sein Streben nach Perfektion zeichnet ihn besonders aus. Die Weine von Jacob Duijn haben auf unserer badisch geprägten Weinkarte mit über 600 Positionen ihren festen Platz. Ich liebe die Finesse und die Eleganz seiner Weine, welche stark nach burgundischem Vorbild ausgebaut werden.
Ich empfehle zum „Flagschiff" Pinot Noir SD Bühlertäler Engelsfelsen ein schönes Schmorgericht. Dazu brate ich zunächst die parierten und mit Salz und Pfeffer gewürzten Bäckchen in Öl scharf an, nehme dann das Fleisch heraus, gebe klein geschnittenes Wurzelgemüse dazu, röste dieses an, tomatisiere und lösche mit Portwein und Madeira ab. Mit Rotwein und Brühe nach und nach auffüllen, Gewürze beigeben und dann mit dem Fleisch ca. 2 Stunden leicht köcheln lassen. Sobald die Bäckchen weich sind, herausnehmen, die Sauce auf die gewünschte Konsistenz reduzieren, passieren und mit etwas Butter aufmontieren. Als Beilage empfehle ich Kartoffelstampf."

2005 Pinot Noir SD
Bühlertäler Engelsfelsen

Ein abgestuftes Kirschrot. Jacob Duijn will's beim Spätburgunder wissen. Kompromisslos hat er sich – nach Burgunder Vorbild – auf den Weg gemacht, langlebige, markante Weine zu erschaffen, die sich durch keinerlei vordergründige Gefälligkeit in Szene setzen. Typisch für diesen Pinot ist das vollständige Fehlen oberflächlicher Fruchtaromen, ist seine Respekt heischende Herbheit.

In der Nase glaubt man zunächst nasses Holz zu riechen, junges Leder, auch rauchige Töne. Ein ungewöhnlich seidiger Pinot Noir, der zugleich Biss hat. Besonders prägnant ist die Säure. Dieser Pinot erinnert insofern an die kaum weniger gefassten, sehr eigenständigen Spätburgunder von Paul Fürst in Franken.

Die Rebstöcke sind 25 Jahre alt, stammen von den besten Lagen des Bühlertals. Und um das Fass voll zu machen: Duijn spricht gar von seinem bisher besten Jahrgang. Der Ertrag wurde stark reduziert, die Trauben sind von Hand entrappt und – ziemlich einzigartig – im offenen Holzbottich vergoren worden. Reife und Finesse erhält der Pinot Noir SD bei der anschließenden 18-monatigen Lagerung im neuen Barrique. Dieser Tropfen klingt lange nach und lässt sich ohne jeden Zweifel auch sehr lange lagern, ohne dass er etwas von seiner Frische abgibt.

Frisch, komplex und ausgestattet mit kräftigen Tanninen – so eignet sich dieser Wein als Begleiter zu nicht weniger kräftigen Speisen wie etwa manchen Wildgerichten oder auch einem geschmorten Ochsenschwanz.

Markus Huber

Winzerkeller Hex vom Dasenstein, Kappelrodeck

„Wir, die Kellermeister, veredeln durch unsere Arbeit den Wein, verleihen ihm Adel. Die Grundlage für die Spitzenqualität wird aber im Weinberg gelegt."

Wenn ein Beispiel für Kontinuität, für Traditionsbewusstsein und Betriebstreue gesucht wird, dann kann es der Winzerkeller Hex vom Dasenstein in Kappelrodeck liefern. Hier wirkt seit April 2005 der 32-jährige Markus Huber als Kellermeister – und zwar erst als der dritte in der über 70-jährigen Geschichte der 1934 gegründeten Genossenschaft.

Dass dem Winzerkeller die beiden Vorgänger von Markus Huber jeweils über drei und mehr Jahrzehnte die Treue hielten, ist freilich nur eines der Indizien für Kontinuität. Ein anderes betrifft das leidenschaftliche Streben nach höchster Qualität. Als erster in Deutschland ist es der Kappelrodecker Winzergenossenschaft gelungen, viermal in Folge den Bundesehrenpreis in Gold zu erringen. Hinzu kommen, und das ist nur eine Auswahl, 17 Landesehrenpreise des Badischen Weinbauverbandes, der DLG-Ehrenpreis für „Deutschlands beste Rotweinkollektion trocken" und nicht zuletzt, sondern zuerst ein 1. Platz in der Top 100-Bestenliste als „Bester Weinerzeuger Deutschlands".

Für Kellermeister Markus Huber ist diese Erfolgsgeschichte, auf die er zusammen mit Geschäftsführer Jürgen Decker blicken kann, Verpflichtung und Ansporn. „Ich bin ja erst seit zwei Jahren hier", erklärt er bescheiden und verweist vor allem auf die Verdienste seines Vorgängers Robert Schnurr. Nein, seine Arbeit als Kellermeister will er nicht überbewertet sehen: „Die Grundlage für Spitzenqualität wird im Weinberg gelegt." Freilich nur die Grundlage: „Meine Aufgabe ist es, die Qualität des Leseguts, das natürlich jedes Jahr anders ausfällt, zu halten – und zwar auf höchstem Niveau." Der Kellermeister veredelt durch seine Arbeit den Wein, verleiht ihm Adel.

270 Winzer bewirtschaften, zum größten Teil im Nebenerwerb, die 168 Hektar Rebfläche in der Lage Hex vom Dasenstein. Sie eint der Wille, immer noch besser zu werden, nicht nachzulassen, Weine von höchster Güte heranzuziehen, Große Weine. Für Kellermeister Markus Huber bedeutet dies eine große Herausforderung und Verantwortung: Im Keller der Genossenschaft, unter seinem wachsamen und fachkundigen Blick, entstehen Jahr für Jahr zwischen 1,4 und 1,5 Millionen Liter Wein. Und was für ein Wein!

Mit rund 75 Prozent spielt der Spätburgunder gleichsam die „erste Geige" im Konzert der verschiedenen Sorten. Er gedeiht auf den Granitverwitterungsböden um Kappelrodeck besonders gut. Doch nicht nur das Klima und das Terroir machen den Rotwein zum Spitzenprodukt; hinzu kommt die Arbeit der Winzer, wirkliche Handarbeit in den Steilhängen – und eben die Kellerwirtschaft. Die Rotweine der „Hex vom Dasenstein“ werden in traditioneller Manier maischevergoren, nicht erhitzt. Die Winzer und ihr Kellermeister, so arbeiten sie eng zusammen, damit die großen Burgunderweine entstehen.

Wenn auch der Rotwein dominiert, so ist die Palette der Rebsorten damit noch längst nicht ausgeschöpft. Vom Müller-Thurgau über den Grau- und den Weißburgunder bis hin zu Riesling, Gewürztraminer, Traminer und Scheurebe reicht das Spektrum. Hinzu kommen die verschiedenen Sekte, die ebenfalls im kühlen Kellergewölbe in Flaschengärung hergestellt werden. Ein Nebenprodukt? Wohl kaum! Schon zweimal wurde der Winzerkeller Hex vom Dasenstein mit dem DLG-Ehrenpreis als „Bester Sekterzeuger Deutschlands“ ausgezeichnet.

Es scheint fast so, als handele es sich bei der „Hex vom Dasenstein“ weniger um eine Hexe als vielmehr um eine gute Fee. Und wenn es im Gedicht um die Sage der „Hex vom Dasenstein“ aus dem Jahre 1356, der die Weinberge um Kappelrodeck ihre Lagebezeichnung verdanken, am Schluss heißt: „Er hat ‚ne Hexe‘, sagt man wohl, trinkt einer mehr noch als er soll. So herrscht die Hex vom Dasenstein auch heute noch im Kappler Wein“ – so mag das allenfalls für Menschen gelten, die den Wein nur trinken, statt ihn zu genießen.

Für die anderen gilt wohl dies: „Das ist die Hex vom Dasenstein, ein köstlicher Burgunderwein.“

Frank Müller
Gasthof Zum Prinzen,
Kappelrodeck

Rehrücken mit Wacholdersauce, hausgemachten Spätzle und Rotkraut. „Zum Spätburgunder des renommierten Winzerkellers Hex vom Dasenstein empfehle ich den Rehrücken – eines meiner Lieblingsgerichte, das ich gerne für meine Gäste zubereite.

Dafür löse ich zunächst das Fleisch aus dem Knochen, würze es mit Salz und Pfeffer und brate es scharf an. Anschließend lege ich es auf ein Gewürzbett aus frischem Rosmarin, zerdrücktem Wacholder und etwas Knoblauch und lasse es im Ofen bei 80 Grad Celsius rosa braten. Aus den Knochen stelle ich zusammen mit dem Spätburgunder, Gemüse und Wacholder eine kräftige Sauce her.

Für den Genuss dieser Wildspezialität ist die Ortenau der ideale Ort. Hier, mitten im Schwarzwald, wo die Ausläufer der Rheinebene auf die herrlichen Weinberge der Hex vom Dasenstein treffen, verwöhnen wir unsere Gäste gerne mit einer Küche, die immer wieder durch neue Akzente beeindruckt: badisch-elsässisch, gewürzt mit mediterranen Anklängen und internationalen Kreationen – wunderbar harmonierend auch und gerade mit unseren Großen Weinen der Ortenau.“

2005 Spätburgunder
Spätlese trocken

Kirsch- bis Rubinrot. Wenn man die alten Geschichten, Legenden und Anekdoten in die Weinbetrachtung mit einbezieht, könnte man meinen, die wilde, unangepasste Hex sei wieder auferstanden, habe dem Wein ihres Namens eben auch ihren Stempel aufdrücken wollen. Der erste Eindruck ist nämlich der eines ungestümen, unbeugsamen, zugleich aber auch saftigen Pinot Noir. Dieser Schwarzwälder fällt, wenn man so will, sehr burgundisch aus.

Das Bukett erinnert an frisch geschlagenes Holz, Vanille und Heidelbeeren, es weckt Assoziationen an Waldboden und vor allem Bitterschokolade. Frucht und Holz befinden sich in einer sehr lebendigen, spannenden, auf jeden Fall produktiven Auseinandersetzung miteinander.

Ein sehr gerbstoffiger Wein. Sein Barrique-Lager dauerte denn auch etwas länger als bei vergleichbaren Vertretern der Rebsorte aus anderen Weingütern. Aufgrund der Wucht und des Körpers wie auch der jugendlichen Frische und Säurestruktur scheint dies aber vollkommen angemessen zu sein.

Als Begleiter sehr kräftiger und vornehmlich dunkler (Fleisch-) Gerichte hat dieser Spätburgunder ohne Frage einen guten Stand.

Michael Huber

Alde Gott eG, Sasbachwalden

„Die Gunst der Natur allein genügt nicht, es bedarf auch der Kunst und des Könnens.“

Sie kann nicht nur auf eine über 400-jährige Weinbautradition in Sasbachwalden verweisen, die 1948 gegründete Winzergenossenschaft, sie trägt das Wort „alt“ sogar im Namen: „Alde Gott“. Doch ihr Kellermeister dürfte einer der jüngsten im Lande sein: Gerade 25 Jahre alt ist Michael Huber, seit 1. Mai 2007 als Erster Kellermeister dafür verantwortlich, dass die Trauben von 400 Winzern, die der Genossenschaft heute angehören, in Fässern oder auch Edelstahltanks zu hervorragenden Weinen reifen.

Dass die 400 Winzer, die rund 250 Hektar Rebfläche auf idealen Granitverwitterungsböden an den von vielen Sonnenstunden und ausreichend Niederschlägen verwöhnten Hängen des Rheingrabens bearbeiten, dem jungen Michael Huber diese verantwortungsvolle Aufgabe übertragen und anvertraut haben, spricht für sich – und es spricht für ihn. Sie kannten ihn schon, als er mit 16 Jahren seine Lehre als Weinküfer begann, und so wussten und wissen sie, was in ihm steckt, dem Bub aus Gengenbach, der selbst so wenig Aufhebens um seine Person macht. 2006 erst legte er in Weinsberg seine Meisterprüfung ab.

Michael Huber kennt, wie wohl jeder in Sasbachwalden, die Geschichte, die sich um den Namen „Alde Gott“ rankt. Es war der erleichterte, der erlösende Ausruf eines Mannes am Ende des Dreißigjährigen Krieges, als er, der sich von allen Menschen verlassen wähnte, einen weiteren Überlebenden auf einem Hügel erspähte: „Der alde Gott lebt noch!“ So wurde er zum Namenspatron der Winzergenossenschaft und der Weine. Das zumindest sagt die Legende, an die noch heute ein steinerner Bildstock zwischen Sasbachwalden und Obersasbach erinnert.

Heute kommen aus den Kellern der Winzergenossenschaft „Alde Gott“ Jahr für Jahr zwischen 1,7 und 1,8 Millionen Liter Wein – und der genießt weit über die Grenzen des Ortes, ja weit über die Ortenau und ganz Baden hinaus, einen hervorragenden Ruf. Im Gault Millau wird die Winzergenossenschaft immer wieder zum Kreis der besten Weinerzeuger gezählt, allein im Jahr 2006 räumte sie bei der Landesweinprämierung des Badischen Weinbauverbandes 50 Goldmedaillen ab, sie bekam von der DLG den „Ehrenpreis trockene Rotweine“ verliehen und viele weitere Medaillen, Prämierungen und lobende Erwähnungen.

Es ist der große Einsatz der Winzer, auch ihr Erfahrungsaustausch, der einen solchen Erfolg möglich macht, und es ist natürlich auch die Gunst der Natur, das ausgezeichnete Terroir, das zu diesem Erfolg verhilft. Doch Gunst allein genügt nicht, es bedarf auch der Kunst. Und so ist es nicht zuletzt auch die Kunst des Kellermeisters und seiner Mitarbeiter, die – so Michael Huber – „Herausforderung, über alle Phasen des Weinausbaus hinweg harmonische Weine reifen zu lassen: Weine, ausgewogen in Süße und Säure, in Duft und Frucht; Weine, die das typische Bukett der jeweiligen Rebsorte hervorbringen."

An erster Stelle steht dabei der im Fass gereifte Spätburgunder Rotwein, der in der Gesamtproduktion einen Anteil von gut 60 Prozent ausmacht. Gefolgt wird er vom Riesling und vom Müller-Thurgau, die es jeweils auf etwa 15 Prozent bringen. Kleinere Anteile haben dann noch weitere Sorten wie Ruländer, Gewürztraminer, Weißburgunder und Chardonnay.

Die über 400 Jahre zurückliegende Verleihung der Weingerechtigkeit an den Ort Sasbachwalden unterstreicht eindrucksvoll, dass man hier den Rebensaft schon früh zu schätzen wusste. Doch man weiß auch, dass man sich nicht nur auf eine glorreiche Vergangenheit berufen, sich auf dem Weinlaub ausruhen darf. Dass dies nicht der Fall ist, zeigt die Liste der Orte, in denen man – außer in guten Restaurants und natürlich direkt bei der Genossenschaft in Sasbachwalden – den „Alden Gott" im Fachhandel erhält: Sie reicht von Hamburg und Berlin über Frankfurt und Köln bis München und Nürnberg.

Und dass man nicht nur auf Vergangenes setzt, zeigt letztlich auch die Wahl Michael Hubers zum Kellermeister. Er ist sich dieser Verantwortung bewusst. Nur viele Worte mag er nicht darüber verlieren. Die Arbeit im Keller wartet.

Gutbert Fallert
Hotel Talmühle, Sasbachwalden

Rücken vom Frühlings-Reh mit Wildsauce, Selleriepüree und süßen Kirschen. „In Baden – und nicht nur da – ein Klassiker. Nach dem Ende der seit Januar dauernden Schonzeit servieren wir in unserem Restaurant wieder Reh. Der Rehbock, das männliche Reh, darf dann wieder bejagt werden, und spätestens am 2. Mai bringt uns der Jäger den ersten Rehbock der Saison ins Haus.

Ich bereite den Rücken vom Rehbock zum Ende des Frühlings gerne mit einer nicht zu schweren, etwas pfeffrigen Wildsauce mit etwas Rotwein und Portwein zu. Als süße Beilage werden die ersten, mit Rotwein und Gewürzen gekochten Kirschen gereicht. Frühlingszwiebelchen, junges, noch lockeres Kraut und Selleriepüree begleiten das Reh.

Der Sasbachwaldener Spätburgunder mit seiner Kirschnote harmoniert zu diesem Rehbraten ganz besonders gut. Mit seiner nicht zu schweren, animierenden Art passt er auch in die Jahreszeit, die ja eher untypisch für Wildgerichte ist.

Auf der Weinkarte unseres Hauses sind die Badischen Spätburgunder besonders stark vertreten, insbesondere jene der Sasbachwaldener Lage Alde Gott."

2005 Spätburgunder
Auslese trocken

Kirsch- bis Rubinrot. Spätburgunder ist Alde Gott, und Alde Gott ist Spätburgunder. Diese Binsenweisheit ist zugleich eine wichtige Marketingbotschaft. Allerdings brauchen Marketingbotschaften von Zeit zu Zeit Unterstützung – durch das Produkt selbst. Und so viel ist gewiss: An Unterstützung mangelt es jedenfalls bei diesem bereits ausgesprochen harmonischen, runden, sehr fruchtbetonten Wein nicht. Die Trauben wurden spät gelesen und lange auf der Maische vergoren. Den idealen Reifezustand samt biologischem Säureabbau erhielt dieser Wein schließlich im kleinen Holzfass.

Er ist ein herausragender Vertreter der Rebsorte, bei dem Fruchtigkeit und Gerbstoffstruktur eine schöne Balance gefunden haben. Die Nase nimmt ein Hauch von Süßkirsche ein. Auch an Zwetschkenröster mag man denken – in Österreich nennt man so die zu Kompott verarbeiteten Zwetschken. Sie dienen beispielsweise als Begleiter zu Kaiserschmarrn und beschenken üppige Mehlspeisen mit Frucht und Frische.

Auch Noten von Vanille, gesüßtem Milchkaffee und Karamell sind auszumachen. Dieser Wein ist so kraftvoll und körperreich, dass das Holz von der gut zwölfmonatigen Lagerung im Barrique komplett eingebunden ist. Ohne Zweifel könnte man diesen Spätburgunder auch zu einem Kaiserschmarrn genießen, aber mindestens ebenso gut, wenn nicht noch besser, passt er wohl zu dunklem Fleisch, zumal von Rind oder Wild.

Martin Bäuerle

Oberkircher Winzergenossenschaft, Oberkirch

„Aus dem optimalen Traubengut, das uns die Winzer anvertrauen, die höchste Qualität herauszukitzeln, das ist unsere Aufgabe im Keller."

Es ist eine begnadete, eine gesegnete Landschaft. Die Menschen freilich, die hier mit dem Wein und auch vom Wein leben, arbeiten hart: Mehr als 300 Winzerfamilien, die eine Fläche von 430 Hektar bewirtschaften, sind in der 1951 gegründeten Oberkircher Winzergenossenschaft zusammengeschlossen. Doch der Weinbau hier hat eine weitaus längere Tradition. Schon vor rund 2000 Jahren brachten die Römer die Reben in die Region.

Sie wussten, warum! Schließlich handelt es sich beim Renchtal, an dessen Ausläufern sich das malerische Oberkirch befindet, um eine der wärmsten Regionen Deutschlands, wahrhaftig von der Sonne verwöhnt. Terroir und Klima bieten hier die besten Voraussetzungen, große Weine reifen zu lassen. Die Ruine Schauenburg prägt den Ort – und sie ist nicht nur wegen der Weinberge, der steilen, nach Süden geneigten Rebhänge, berühmt. Hier schuf nach dem Dreißigjährigen Krieg Hans Jakob von Grimmelshausen mit dem „Simplicius Simplicissimus" eines der bedeutendsten frühen Prosawerke deutscher Sprache.

Seit 1998 ist Martin Bäuerle 1. Kellermeister in der Oberkircher Winzergenossenschaft, Herr über das Lesegut, aus dem unter seiner Aufsicht und Obhut jährlich zwischen 3,2 und 3,8 Millionen Liter Wein gewonnen werden. In erster Linie ist es der Spätburgunder, dessen Reben hier beste Voraussetzungen finden und der immer wieder mit Medaillen und Preisen ausgezeichnet wird. Er macht etwa die Hälfte des Ertrags aus, gefolgt vom Riesling mit 20 Prozent, dem Müller-Thurgau mit 15 Prozent sowie dem Grau- und dem Weißburgunder.

Was ist es, das den gelernten Weinküfer Martin Bäuerle zu der verantwortungsvollen Arbeit im Weinkeller zog? „Vielleicht liegt es in den Genen", scherzt er, denn drei Brüder seines Vaters waren Bierbrauer. Da war es zum Wein gewissermaßen nur noch ein kleiner Schritt, zumal seine Eltern im nahe gelegenen Kappelrodeck Landwirtschaft im Nebenerwerb betrieben, zu der auch ein Hektar Rebfläche gehört. Diesen Weinberg bewirtschaftet er jetzt selbst, kennt sich also nicht nur im Weinkeller zwischen Fässern und Edelstahltanks aus, sondern auch im Weinberg zwischen den Reben.

Der 1964 geborene Kellermeister, dessen Weine schon mehrfach mit dem begehrten Bundesehrenpreis sowie zahlreichen Landesehrenpreisen ausgezeichnet wurden, sieht es als seine Aufgabe an, aus den Reben, die ihm die Winzer anvertrauen, „die höchste Qualität herauszukitzeln". Dass ihm dies gelingt, beweist allein schon die

Tatsache, dass der Winzergenossenschaft seit Jahren bescheinigt wird, zu den besten in Deutschland zu gehören. Bäuerle weiß aber auch, dass dies nicht sein Verdienst allein ist: „Nur aus optimalem Traubengut kann ich einen hervorragenden Wein machen. Die Spitzenqualität entsteht im Weinberg." Und das treibt ihn auch immer wieder zu seinen Spitzenwinzern in die Reben, wo er mit ihnen „Selection" betreibt, um aus den besten Parzellen durch penible Auslese Große Weine entstehen zu lassen.

Damit das Niveau gehalten werden kann, damit die Weine der Winzergenossenschaft auch weiterhin zur Spitze gehören, wurde auf Initiative Martin Bäuerles 2002 eigens ein Mitarbeiter für das „Qualitätsmanagement Weinbau" eingestellt – auch dies eine Oberkircher Besonderheit, an der allerdings auch die Nachbargemeinde Waldulm teilhaben darf. Es wird viel getan und viel investiert, denn man weiß, dass es keineswegs selbstverständlich ist, etwa den Deutschen Spätburgunder-Preis nach Oberkirch zu holen, an die Spitze zu gelangen und vor allem auch zu bleiben.

Bleibt Martin Bäuerle, dem „guten Kellergeist" von Oberkirch, da überhaupt noch Zeit für Hobbys? „Eigentlich viel zu wenig", erklärt der Vater von zwei Kindern schmunzelnd. Doch immerhin spielt er im Musikverein die Tuba, geht auf die Jagd und läuft Ski. Als wir ihn treffen, außerhalb des Kellers, hat er freilich schon wieder andere Pflichten: Die Kirschen müssen dringend vom Baum.

Martin Herrmann
Hotel Dollenberg,
Bad Peterstal-Griesbach

Rinderlende am Stück gebraten auf Kalbskopfrisotto mit geschmorten Perlzwiebeln und Trüffeljus. „Der Spätburgunder aus Oberkirch korrespondiert hervorragend mit den Komponenten dieses Gerichts: Die Rinderlende verlangt als Begleiter einen Spätburgunder, der Charakter und Konzentration besitzt. Zu dem Trüffeljus passt ein eleganter Wein – einer wie die Collection Royal. Zum Risotto und den Perlzwiebeln muss der Wein weich sein und ein leichtes Vanillearoma besitzen, ebenso wie dieser Oberkircher Spätburgunder.

Wir, das Hotel Dollenberg, bieten den 2005er Spätburgunder Collection Royal sehr gerne unseren Gästen an, nicht nur, weil es ein Wein aus dem Renchtal ist, sondern vor allem, weil die Qualität hervorragend ist."

2005 Spätburgunder Collection Royal

Dunkles Rubin- bis Kirschrot. Aus der ersten Bekanntschaft mit diesem Wein wird rasch Freundschaft: ein aufgeschlossener, samtiger Tropfen. Dunkle, reife Waldfrüchte, namentlich Brombeeren, aber auch Sauerkirschen, eine Idee Vanille und feiner Pfeifenrauch nehmen die Sinne ein. Ein Wein, buchstäblich von den ersten Schwarzwaldhöhen: Die Samtigkeit und Fruchtigkeit dieses Spätburgunders dürften dem Terroir und dem Mikroklima des Renchtals geschuldet sein, das bei Gästen umgehend verborgene Schwarzwald-Sehnsüchte weckt.
Auf der Zunge und am Gaumen zeigt der Spätburgunder trotz seines zugänglichen Charakters den notwendigen Biss und überzeugt mit einem kräftig strukturierten Gerbstoffgerüst. All diese Eigenschaften zusammengenommen machen ihn zu einem eigenständig-charaktervollen Essensbegleiter.
Dieser Wein wirkt bereits ungewöhnlich ausgewogen und rund, dabei steht er weniger in der Tradition weicher, milder, also, wenn man so will, typisch badischer Vorgänger. Vielmehr zeigt er sich jugendlicher, internationaler, kerniger und vor allem frischer.

Achim Kirchner

Weingut Schloss Staufenberg des Markgrafen von Baden, Durbach

„Das ist unser Geheimnis: Wir nutzen alte Erfahrungen, bauen auf ihnen auf und sind offen für Neues.“

Wenn Achim Kirchner, Gutsleiter des Weinguts Staufenberg in Durbach, auf die Rebhänge blickt, die sich in sanften Wellen an das Schloss des Markgrafen von Baden schmiegen, wenn er seinen Blick von der Schlossterrasse aus über den Schwarzwald, das Rheintal und die Vogesen schweifen lässt, dann weiß er sich auf historischem Boden. Ebenso geschichtsträchtig wie das Schloss aus dem 11. Jahrhundert nämlich ist hier der Weinbau. „Wir blicken nicht nur auf eine stolze Vergangenheit zurück“, erklärt der 39-Jährige, „wir fühlen uns auch verpflichtet, die Zukunft zu gestalten.“

Das Gestalten der Zukunft hat im Hause Baden Tradition. So war es Markgraf Christoph, der 1495 das erste Weingesetz in Baden erließ. „Es ist damit älter als das deutsche Reinheitsgebot für Bier“, ergänzt Achim Kirchner schmunzelnd. Und dann verweist er auch auf Großherzog Carl Friedrich, der im 18. Jahrhundert die Leibeigenschaft in Baden abschaffte und zugleich die Schulpflicht einführte – und dem es vor allem zu verdanken ist, dass Schloss Staufenberg und insbesondere der Klingelberg als Pflanzstätte des Qualitätsweinbaus gelten.

Der Klingelberg verdient besondere Erwähnung. Mit 400 Metern ist er eine der höchsten Rieslingpflanzungen in Deutschland. Obwohl historisch so bedeutend, konnte er aufgrund des Weingesetzes nicht als Einzellage ausgewiesen werden. Er ist mit 2,5 Hektar schlichtweg zu klein. Klein, aber fein: Seit 1782 wird er, Carl Friedrich sei Dank, ausschließlich mit Riesling bestockt. Er ist damit der älteste reinsortige Rieslingweinberg Badens. Mehr noch: Die Bezeichnung „Klingelberger“ ist inzwischen als Synonym für Riesling in ganz Baden zugelassen. „Der einzige ‚Klingelberger‘, in dem auch wirklich Klingelberger drin ist, kommt allerdings vom Schlossberg“, sagt Achim Kirchner lächelnd.

Der Klingelberg macht nur etwa ein Zehntel des Schlossberges aus, der insgesamt 24 Hektar umschließt. 40 Prozent dieser Fläche sind mit Riesling bepflanzt, 30 Prozent mit Spätburgunder, der Rest verteilt sich auf verschiedene Sorten wie Grau- und Weißburgunder, Chardonnay und Gewürztraminer.

Erbprinz Bernhard von Baden, der als ältester Sohn des Markgrafen Max seit 1998 die Weinbautradition des Hauses fortführt, holte Achim Kirchner 2001 auf das Schloss. Der Gutsleiter hat in Heilbronn und Weinsberg Weinbetriebswirtschaft studiert, avancierte in Heidel-

berg zum staatlich geprüften Sommelier und war danach zweieinhalb Jahre Betriebsleiter auf einem Weingut in der Pfalz. Als er nach Durbach kam, war dies nicht nur für ihn ein Neuanfang, sondern auch für das Weingut.
Dort nämlich war sechs Jahre zuvor, 1995, die altersschwache Wand des Kelterhauses eingestürzt. Man war gezwungen, die frisch gelesenen Trauben vom Schlossberg in Containern nach Salem an den Bodensee zu transportieren, dort zu keltern und anschließend den Wein wieder nach Durbach zu bringen – ein aus der Not geborenes Verfahren, das nicht nur mühsam, sondern überdies auch nicht gerade qualitätsfördernd war.
Seit 2001 ist der neue Keller betriebsfertig – und die Hin- und Hertransporte von einem markgräflichen Weingut zum anderen haben ein Ende. Jetzt können die jährlich über tausend Hektoliter Wein wieder in aller gebotenen Ruhe in Durbach entstehen, der Rotwein in Holzfässern, der Weißwein in Edelstahltanks. Denn man ist, bei aller Tradition, dem Neuen aufgeschlossen.
Tradition und Fortschritt. Ist der Weinbauer im Grunde nicht auch ein Künstler? „Wir nutzen alte Erfahrungen, bauen auf ihnen auf, sind offen für Neues. Das ist das ganze Geheimnis."
Das Künstlerische, ergänzt er schmunzelnd, überlässt er seiner Frau. Sie nämlich entwirft Schmuck.

Jörg Sackmann
Hotel Sackmann,
Baiersbronn-Schwarzenberg

Kabeljaufilet mit Fenchel auf kleinen Cocobohnen.
„Zu dem tatsächlich hell golden schimmernden Riesling vom Schloss Staufenberg aus dem Weingut des Markgrafen von Baden empfehle ich ein Kabeljaufilet mit Fenchel. Bei diesem von Süße und Säure zugleich geprägten Riesling ist es wichtig, mit den Aromen von Fenchel und Paprika dagegenzuhalten und auch die Töne von Ananas und Zitrusfrüchten auszugleichen. Gerade Fenchel und Paprika leisten diese Aufgabe in perfekter Weise. So passt der 2006er Klingelberger Spätlese trocken wunderbar zu diesem Fischgericht. Zum Anrichten je ein Kabeljaustück auf die Teller setzen, dabei blättrig auseinanderzupfen. Die Cocobohnen und das Püree anrichten. Das Gemüse auf den Fisch geben und mit Vinaigrette übergießen. Als Garnitur empfehle ich Paprikaröllchen, Fencheltempura und sphärische Olivenravioli."

2006 Klingelberger Riesling
Carl Friedrich Spätlese trocken

Helles, golden schimmerndes Gelb. In der Nase überraschen Honigtöne, leichte Anklänge an Ananas und andere Zitrusfrüchte. Die fruchtige Süße, welche die Riechorgane bezaubert, gibt einen Hinweis auf die hohe Reife des Leseguts. Noch größer indes fällt die Überraschung aus, wenn diese Süße von der überaus markanten, gleichwohl feinstrukturierten Säure des Weines nicht etwa konterkariert, sondern ergänzt, man könnte auch sagen: komplementiert und komplettiert wird. Sie ist so ausgeprägt und so nachhaltig wie bei wohl keinem anderen badischen Riesling.

Ein eleganter und dabei sehr schlanker, reintöniger Riesling. Die Vorleistungen dazu im Weinberg sowie im Keller: aufwendige Selektion, kalte Vergärung und schonender Ausbau.

Der Name „Carl Friedrich" verweist auf den gleichnamigen Großherzog, der vor 225 Jahren den Riesling in Baden erstmals reinsortig angebaut hat – und zwar im Durbacher Klingelberg. In der Ortenau ist Klingelberger zum Sortensynonym für Riesling geworden. Die Bezeichnung steht zugleich für Lage und Mineralität eines solchen Rieslings.

Die Mineralität rührt von den tief wurzelnden Rebstöcken her, die zwischen 25 und 40 Jahre alt sind. Die ungewöhnliche Frische und Säurestruktur hat ebenfalls mit dem Terroir zu tun – die steilen, sonnigen Weinberge ums Schloss, es handelt sich um Granitverwitterungsböden, zählen zu den höchstgelegenen weit und breit.

Andreas Laible

Weingut Andreas Laible, Durbach

„Die Qualität wächst im Weinberg. Im Keller kann nur das erhalten werden, was geerntet wurde."

Die Fachpresse bezeichnet ihn als „Starwinzer", doch Andreas Laible selbst hält nichts von Selbstdarstellung und Repräsentation, Starallüren sind für ihn ein Fremdwort. So etwas kostet nur Zeit – und die steckt Andreas Laible, der das Gut in den Siebzigerjahren mit damals erst 3,5 Hektar von seinem Vater übernahm, lieber in seine Arbeit im Weinberg.

Damals wie heute ist Qualität sein wichtigster Ansporn: „Die Qualität wächst im Weinberg", weiß der 59-Jährige – und das ist bei Andreas Laible kein bloßes Lippenbekenntnis oder gar ein Werbeslogan, sondern das Ergebnis jahrzehntelanger Erfahrung, schweißtreibender und zeitaufwändiger Arbeit. Doch der Erfolg gibt Andreas Laible Recht, ist ihm Rechtfertigung genug: Mit über 600 Goldmedaillen wurden seine Weine bereits bedacht, mit Ehrungen und Auszeichnungen wird er geradezu überschüttet. Nur ein Beispiel: Sein Riesling Spätlese trocken, 1999er Durbacher Plauelrain, wurde im Jahr 2000 als Weltbester gekürt. Im selben Jahr ernannte ihn der Gault Millau zum „Aufsteiger des Jahres". Im März 2007 erst wurde Andreas Laible, und dies nicht zum ersten Mal, von Wein-Plus für seine „Kollektion des Jahres" ausgezeichnet. Damit werden die Erzeuger gewürdigt, „die für ihr Anbaugebiet im jeweiligen Vorjahr das beste Sortiment mit einer herausragenden Qualität präsentiert haben".

Dass sich heute Häuser der Spitzengastronomie von Garmisch bis Sylt um die Weine des Weingutes von Andreas Laible bemühen, verwundert bei so viel Lob und Anerkennung nicht. Doch was der entspannte Genießer auf der Ferieninsel im hohen Norden vielleicht nicht bedenkt: Es steckt unendlich viel Arbeit dahinter.

Andreas Laibles Weine aus der Steillage Durbacher Plauelrain, einem reinen Südhang mit sehr steinigen und heißen Granitverwitterungsböden, mit Achat- und Porphyr-Einlagen, werden nach wie vor in reiner Handarbeit bewirtschaftet, sechs Hektar Rebfläche (von insgesamt inzwischen 7,5 Hektar) immerhin. Dieses karge Urgestein bietet nach Erfahrung und Einschätzung von Andreas Laible „optimale Voraussetzungen für den hohen Anspruch der Reben, insbesondere für den Riesling".

Er ist mit 60 Prozent die Hauptrebsorte, gefolgt von Spätburgunder (15 Prozent), Weiß- und Grauburgunder (ebenfalls 15 Prozent) sowie traditionellen Sorten wie Traminer, Gewürztraminer, Muskateller, Scheurebe und Chardonnay.

Zwischen 40 000 und 45 000 Flaschen jährlich kommen aus dem Wein-

gut von Andreas Laible „auf den Markt" – wobei dieser Begriff nicht wörtlich genommen werden darf. Drei Viertel der Weine nämlich werden direkt vom hoch über Durbach gelegenen Weingut aus vermarktet, der Rest geht in die Spitzengastronomie; für den freien Markt, selbst für den Fachhandel, ist da kein Platz mehr.

„Im Keller kann nur das erhalten werden, was im Weinberg geerntet wurde", erklärt Andreas Laible – und in diesem Punkt geht er keine Kompromisse ein, ist er unerbittlich penibel, wie er selbst eingesteht. Nur reife und überreife Trauben werden gelesen, nach mehrfacher, strenger Selektion, per Hand, versteht sich.

Das so gewonnene Traubenaroma gilt es zu erhalten – und zwar unverfälscht. Deshalb wird der Traubensaft nach schonender Weiterverarbeitung in Edelstahltanks vergoren, wobei nach Möglichkeit auf Reinzuchthefen verzichtet wird. Das erklärte Ziel nämlich ist: „Wir wollen Weine mit Charakter." Deshalb steht auch „der sortentypische Anbau unserer Weine, geprägt vom Terroir, im Vordergrund".

Das heißt aber auch, dass es Andreas Laible und seine Söhne nicht für nötig erachten, im Weinbau dem jeweiligen Geschmackswandel der Verbraucher nachzuhecheln. Immerhin betreibt die Familie seit dem Jahr 1672 Weinbau. Bei solch stolzer Tradition braucht man sich wahrhaftig nicht jeder Mode eilfertig zu unterwerfen.

Sohn Andreas jun., der zusammen mit seinem Bruder Alexander, beide ausgebildete Weinbautechniker, eine Fortführung dieser jahrhundertelangen Tradition garantiert, bringt es auf einen einfachen Nenner: „Man kann nur das gut machen, was einem selbst gut schmeckt."

Familie Fahrner
Hotel Schliffkopf,
Baiersbronn-Schliffkopf

Forellensaiblingtimbale mit Flusskrebsen. „Wir freuen uns sehr, dass wir unseren Gästen in unserem Hotel hoch oben an der Schwarzwaldhochstraße die wunderbaren Weine von Andreas Laible unten aus der Ortenau anbieten können.

Zum geradezu grandiosen 2006er Riesling Durbacher Plauelrain Achat von Andreas Laible empfehlen wir Forellensaiblingtimbale mit Flusskrebsen. Dazu etwas Forellen- und Saiblingsfilet zusammen mit Hecht- oder Zanderfilet pürieren, Sahne zugeben, abschmecken und kurz ins Gefrierfach stellen, anschließend durch ein Haarsieb streichen. Timbale-Formen ausbuttern und mit einem Spritzsack eine dünne Farceschicht auf den Boden geben. Darauf quadratische Forellen- und Saiblingsfilets legen und die Form mit der Farce füllen. Im 120 Grad Celsius heißen Ofen 20 Minuten pochieren. Flusskrebse in Court Bouillon kochen, ausbrechen und in etwas Fond warm halten. Krebskarkassen, Butter, Wurzelgemüse, Estragon und Knoblauch rösten, mit Cognac, Noilly Prat und Weißwein ablöschen. Einkochen, mit Fischfond auffüllen und 15 Minuten köcheln lassen. Creme double zufügen, noch einmal aufkochen lassen und passieren. Mit eiskalter Butter montieren und abschmecken."

2006 Riesling Durbacher Plauelrain
Achat Spätlese trocken

Helles Gelb. Noten reifer Äpfel in der Nase, aber auch von Aprikose, Mirabelle und Zitrusfrüchten. Hinzu kommt ein Hauch von Kräutern, eine eigentümliche Würze. Man könnte sogar meinen, mitten auf einer Blumenwiese zu stehen.

Saftig und vollmundig ist er, dieser Riesling, manche würden sinnigerweise sagen: weinig, dabei aber zugleich ungewöhnlich schlank. Überhaupt erzeugen scheinbar gegensätzliche Eigenschaften bei diesem Wein eine atemberaubende Spannung: Er strahlt Wärme aus – und wirkt doch so erfrischend wie kühl. Der „Achat" hat Kraft und Power – und weist trotzdem etwas Leichtes und Spielerisches auf, was ihn sympathisch macht: Er protzt nicht und trägt nicht auf, sondern zeigt sich als wahrer Verführer. Trotz einer gewissen Leichtigkeit ist er eben alles andere als ein Leichtgewicht.

Die Lage Plauelrain hat eine direkte Südausrichtung. Der Wein selbst ist ein Stück Lebenswerk von Andreas Laible, die Frucht jahrzehntelanger Pflege, Veredelung und Selektionierung der deutschen Königssorte Riesling.

Bei aller Geschmeidigkeit und Weichheit, die im Vordergrund stehen, hat dieser Riesling auch ein sehr feines Säuregerüst, das für die Durbacher Klingelberger nicht untypisch zu sein scheint. Es gibt dem „Achat" Finesse und einen sehr langen Nachhall.

Heinrich Männle

Weingut Heinrich Männle, Durbach

„Wein ist das edelste Getränk, das aus den Früchten der Natur als Geschenk Gottes kreiert wurde.“

Als Heinrich Männle 1956 Weinberg und Landwirtschaft von seinem Vater übernahm, sah es düster aus. Der viel zu warme Januar und der eiskalte Februar hatten mit einem Temperatursturz von über 40 Grad den meisten Reben den Garaus gemacht. Doch Heinrich Männle, damals gerade 23 Jahre alt, schaffte es von Null auf Hundert – und das ist durchaus wörtlich zu nehmen: Heute gehört sein Weingut nach übereinstimmendem Urteil der Fachpresse zu den 100 Besten in Deutschland – genauer gesagt zu den ersten zwölf. Seine Weine sind mit 260 Goldmedaillen bei Landes- und nahezu 200 bei Bundesweinprämierungen ausgezeichnet worden. Ja, der „Rotwein-Männle“, wie man ihn ebenso liebewie respektvoll in Durbach nennt, hat es geschafft.

Und er schafft noch immer. Erst 1993 baute Heinrich Männle einen Gewölbekeller aus naturbelassenem Granit – sehenswert –, in dem seine Spitzenrotweine 20 Monate in Barrique-Fässern reifen – und in dem auch regelmäßig Weinlehrproben angeboten werden. Doch damit nicht genug. Bis zum Herbst 2007 wird ein weiterer, 25 Meter langer und 8,5 Meter breiter Gewölbekeller, ebenfalls aus Granitgestein, fertig gestellt sein. Hier werden dann in traditionellen Holzfässern bis zu 40 000 Liter Wein lagern. Wie das? Keine blitzenden Edelstahltanks mehr? Heinrich Männle schmunzelt. Er geht seinen eigenen Weg. Und der bedeutet: „Zurück zu den Ursprüngen des Weinbaus.“

Man könnte meinen, Heinrich Männle sei ein einzelgängerischer Eigenbrötler. Doch das Gegenteil ist der Fall: Voller Herzlichkeit und Wärme empfangen er und seine Ehefrau Wilma jeden Besucher ihres Weinguts und jeden Gast ihrer 4-Sterne-Ferienwohnungen. Jahrelang spielte er Klarinette in der Durbacher Trachtenkapelle, engagierte sich in der Kommunalpolitik und ist Mitbegründer des Durbacher Weinstammtischs, der sich einmal im Monat trifft und auf dessen Initiative das Durbacher Wein- und Heimatmuseum zurückgeht, dessen zweiter Vorsitzender er ist.

Wein und Heimat. Beides sind Heinrich Männles Leidenschaften. Seine Passion für den Wein fasst er in drei Wörtern zusammen: „Qualität, Qualität, Qualität.“ Auf seiner 5,5 Hektar großen Rebfläche der Lagen Kochberg, Plauelrain und Ölberg wachsen im jährlichen Schnitt 30 000 Liter Wein, vorwiegend Spätburgunder Rotwein, der weit über die Hälfte ausmacht, und seit 1991 Cabernet Sauvignon, dessen Anbau er wohl als Erster in Baden wagte. Hinzu kommen noch Weiß- und Grauburgunder, Riesling und Scheurebe sowie Müller-Thurgau, Chardonnay und Gewürztraminer. Im Vordergrund freilich steht nach wie vor der Spätburgunder Rotwein, der immer und immer wieder prämiert wird – und der Heinrich Männle seinen Spitznamen einbrachte.

Ja, Heinrich Männle liebt den Wein – und er liebt seine Heimat. Heinrich Männle ist hier tief verwurzelt. Seit 1737 ist der Hof in Familienbesitz – eine stolze Tradition, deren Weiterführung gesichert erscheint, womit vielleicht auch die unermüdlichen Investitionen verständlich werden, die der über 70-Jährige in sein Weingut steckt. Es ist die Freude darüber, dass mit seiner Tochter Silvia, inzwischen Mitinhaberin, bereits die nächste Generation im Gut arbeitet.

So darf er sich einen glücklichen Menschen nennen, dieser Heinrich Männle, und in Rage gerät er eigentlich nur, wenn er auf den „Verfall der Kultur" im Getränkebereich zu sprechen kommt. „Immer mehr Produkte werden hergestellt, die nichts mehr mit Natur zu tun haben", erregt er sich. „Schon unsere Jugend wird vollgestopft mit synthetischen Aromastoffen von Produkten, bei denen die Früchte nur noch auf dem Etikett auftauchen." Für einen Menschen, dem Qualität über alles geht, auch über Quantität, muss das ein Gräuel sein. Wie kann man mit Naturprodukten so umgehen?

Und damit ist er schon wieder bei seiner Leidenschaft, dem Wein. „Er ist das edelste Getränk, das aus den Früchten der Natur als Geschenk Gottes kreiert wurde", schwärmt er.

Wenn dem so ist, hat Gott in ihm einen tüchtigen Helfer gefunden.

Claus-Peter Lumpp
Hotel Bareiss, Baiersbronn

Lammrücken von der Älbler Wacholderheide auf Fèves und Tomaten. „Zu mittelkräftigen Cabernets, ganz besonders Cabernets Sauvignon und – eigentlich nicht zu übertreffen – zum Cabernet Sauvignon Durbacher Kochberg von Heinrich Männle passen Lammgerichte wunderbar. Wenn man „grenzüberschreitend" denkt, so zeigt Baden-Württemberg in geradezu beispielhafter Weise, wie gut sich das schwäbische Lamm mit dem badischen Wein versteht. Sie bekommen sich nicht „in die Wolle", sondern vertragen sich ganz perfekt miteinander.

Für das Gericht den Lammrücken auslösen, parieren und aus den Knochen Lammjus herstellen. Acht dünne Scheiben vom Lammrücken schneiden, plattieren, vier Scheiben mit Kräuter-Lamm-Farce bestreichen, restliche Scheiben auflegen und mit Schweinenetz zu Crépinettes einschlagen. Fèves in kochendem Wasser blanchieren. Die Bohnenkerne in Butter und Olivenöl mit Schalotten, Knoblauch und Kräutern der Provence anschwitzen, mit Salz und Pfeffer abschmecken. Lammrücken und Crépinettes mit Rosmarin, Thymian und Knoblauch rosa braten, Rückenstück mit Olivenkruste überbacken. Das Schweinenetz entfernen und die Crépinettes mit Jus glasieren. Lammjus mit Cremolata montieren. Fèves, Scheiben vom Lammrücken und Crépinettes anrichten."

2002 Cabernet Sauvignon
Durbacher Kochberg

Dunkles Kirschrot. Dieser Wein offenbart die Philosophie des Winzers in idealtypischer Weise: Geduld und Zeit spielen eine herausragende Rolle. Nur wenige Weingärtner oder Kellermeister legen ihre Weine so lange ins Holzfass oder Barrique. Zumindest keine drei oder vier Jahre! Gefüllt hat Heinrich Männle seinen Cabernet ohne Schönung und mit nur geringsten Mengen an Schwefel. Und er tut den Weinen auch sonst wenig an. Er vertraut auf Spontangärung.
Das Ergebnis dieser sehr bedachten wie bedächtigen Vorgehensweise: Das Holz ist perfekt eingebunden, der Wein hat einen ausgereiften Zustand erreicht, nach Heinrich Männles Meinung den wohl frühest möglichen Zustand der Trinkbarkeit – nach Jahren des nicht unbedingt wirtschaftlichen Zuwartens. Der Dank ist seine unzweifelhafte Langlebigkeit.
Die erste sinnliche Berührung, das sind pikante Noten von grünen und roten Paprikaschoten, ein Hauch von Pfeffer sowie von schwarzen Johannisbeeren. Dieser Cabernet besticht durch eine Fruchtigkeit und gleichzeitige Seidigkeit, Eigenschaften, wie sie in der Kombination eher selten und aufgrund der spezifischen Faktoren Klima, Höhe und Bodenbeschaffenheit womöglich nur in Deutschland angetroffen werden können.
Heinrich Männles Cabernet Sauvignon hat Kraft und Körper, doch ist er zugleich gefasst und hat eine ausgeprägte Gerbstoffstruktur. Stolz kann Altmeister Männle auf diesen Wein noch aus einem anderen Grund sein: Er hat die Sorte als erster in Baden zu Beginn der 1990er Jahre angebaut, der erste Antrag wurde gar abschlägig beschieden. Der Durbacher Winzer blieb hartnäckig – mit Erfolg.

Jochen Sahler

Durbacher Winzergenossenschaft, Durbach

„Freude am Wein ist allein schon Freude am Leben.“

Als „Dienst an der Natur“ bezeichnet Jochen Sahler bescheiden seine Arbeit, auch wenn er sie in erster Linie nicht in Gottes freier Natur verrichtet, sondern unten im Keller, dort eben, wo die ausgezeichneten Weine der Durbacher Winzergenossenschaft reifen.
Im April 2005 gewann Direktor Konrad Geppert den damals gerade 30-jährigen Jochen Sahler als 1. Kellermeister für die Genossenschaft. Erfahrungen hatte der Überlinger zuvor auf verschiedenen Weingütern, unter anderem beim Markgrafen von Baden am heimischen Bodensee, aber auch ein Jahr lang im fernen Kalifornien sammeln können. Es wuchs die Gewissheit, einer echten Berufung zu folgen: „Im Keller, das habe ich bald bemerkt, kann ich meine eigenen Ideen am besten einbringen“, sagt er lächelnd – und fast könnte man meinen, er unterschätze die Arbeit der Winzer im Weinberg. Doch das Gegenteil ist der Fall. Das beweist er, wenn er auf dem Steinberg, wo die Winzergenossenschaft 1996 vier Hektar vom Weinbauinstitut Freiburg als Eigenlage erwerben konnte, seine „Kellermeisterlage“ pflegt: „Da bestimme ich, was gemacht wird.“ Auch als Winzer kann er sich hier verwirklichen.
Insgesamt 300 Weinbauern, von denen noch 90 im Vollerwerb tätig sind, gehören der 1928 gegründeten Winzergenossenschaft an. Sie bewirtschaften rund 340 Hektar Rebfläche der hervorragenden Steillagen, etwa des Plauelrains, des Kochbergs, des Ölbergs und des Steinbergs. Es sind die für die Ortenau so typischen Granitverwitterungsböden, es sind die Lage und das mediterrane Klima, und es ist nicht zuletzt der gemeinsame Wille der Winzer, durch strenge Mengenbegrenzung zu besten Ergebnissen zu kommen. Das Zusammenspiel all dieser Komponenten hat zu einer Fülle von Auszeichnungen für die Durbacher Winzergenossenschaft geführt und ihr eine Spitzenstellung nicht nur in Baden, sondern in ganz Deutschland eingebracht.
Mit fast 50 Prozent dominiert der Spätburgunder, gefolgt vom Riesling mit etwa 25 Prozent und dem Müller-Thurgau mit elf Prozent. Hinzu kommen Clevner und Gewürztraminer, Scheurebe, Weißburgunder, Grauburgunder, Chardonnay, Muskateller und Weißer Sauvignon.
Bei Bundesweinprämierungen hat der „Bundesehrenpreisträger in Gold“ (eine Auszeichnung, die nur etwa zwei von tausend Weinerzeugern bislang erhalten haben) über 310 Mal Gold und über 115 Mal Silber zugesprochen bekommen, bei den Gebietsweinprämierungen in

Baden sind es über 20 Landesehrenpreise sowie über 1000 Goldmedaillen. Die Liste ließe sich nahezu beliebig fortsetzen. Für Jochen Sahler ist diese große und wirklich beeindruckende Zahl an Auszeichnungen ein Ansporn, das in ihn gesetzte Vertrauen zu rechtfertigen. Längst ist seine Liebe zur Kellerwirtschaft zur Leidenschaft geworden. Für andere Hobbys bleibt da nur wenig Zeit, etwa für den Fanfarenzug Salem oder für das Motorrad.

Aber das stört ihn wenig: „Freude am Wein ist doch allein schon Freude am Leben", behauptet er mit blitzenden Augen – und man glaubt es ihm aufs Wort.

Diese Freude am Wein kann er in vielfacher Hinsicht genießen. Nicht nur mit dem Glas in der Hand, sondern auch im Keller, wo er zwischen Fässern und Edelstahltanks darüber wacht, das die Arbeit der Winzer zum verdienten Ergebnis führt. Oder gelegentlich auch zwischen den Reben, zum Beispiel am Steinberg, den die Jungwinzer bewirtschaften dürfen, um erste Erfahrungen sammeln zu können – auch dies eine Durbacher Besonderheit. „So wächst auch ihre Bindung an die Genossenschaft", meint Jochen Sahler.

Und an den Weinbau überhaupt. Sahler weiß diese Arbeit zu schätzen. „Die Weinqualität entsteht im Weinberg, nirgends sonst." Und die Arbeit des Kellermeisters und seiner Mannschaft? „Sie runden ab, ergänzen, wozu Mutter Natur die Voraussetzungen geschaffen hat." Bescheidenheit und Ehrfurcht vor der Natur, die es mit den Durbacher Lagen so gut gemeint hat: Auch dies zeichnet wohl einen großen Kellermeister aus.

Volker Baumann Hotel-Restaurant Rebstock, Durbach

Schwarzwälder Forellenfilet aus dem Wurzelsud.

„Als gebürtiger Durbacher kann ich in Sachen Wein aus dem Vollen schöpfen. Wie für die hervorragenden Weine der Durbacher Winzer gilt auch für eine gute Küche: Die Qualität macht es einfach. Die Auswahl frischer regionaler Produkte, am besten direkt vom Erzeuger, bringt auch die Qualität, die zusammen mit der Zubereitung ein Essen erst zu einem wirklichen Genuss macht. Zum 2006er Weißburgunder empfehle ich ein Schwarzwälder Forellenfilet aus dem Wurzelsud. Die milde, aber dennoch knackige Säure passt hervorragend zum Forellenfilet. Meine Forellen hole ich übrigens von einer Zucht aus Gengenbach-Haigerach. Hier bekommen die Fische frisches Moosquellwasser, und das macht sich deutlich auf der Zunge bemerkbar. Die Forellenfilets werden auf der Haut in Butter und Zwiebeln kurz angebraten. Dazu kommt in feine Scheiben geschnittenes Wurzelgemüse aus Karotten, Lauch und Sellerie. Klein geschnittene Tomaten kurz mehlieren und hinzufügen. Sofort mit Weißburgunder ablöschen und Sahne hinzugeben. Kurz einkochen lassen, mit Salz und Pfeffer abschmecken und anrichten.

Das Credo unseres Hauses ist, dem Gast eine bodenständige, hoch motivierte und regional betonte Küche anzubieten. Ein gutes Essen und ein guter Wein – beides gehört für mich zu einem vollendeten Genuss."

2006 Weißer Burgunder
Durbacher Steinberg

Helles Gelb. Ein Weißburgunder bedarf in Baden keiner besonderen Begründung. Als Burgunder gehört er sozusagen zur Kernkompetenz, als Weißer Burgunder freilich führt er ein gewisses Schattendasein, jedenfalls im Vergleich zu den Paradesorten Spät- und Grauburgunder. Zu Unrecht, wie sich an diesem sehr eleganten und feinfruchtigen Vertreter seiner Rebsorte zeigt. Er hat Fülle und Schmelz, ist dennoch von einer zurückhaltenden, aber erfrischenden und nachhaltigen Säure eingefasst.

Vorstellbar ist so einiges: Als Freund an fröhlichen Sommerabenden dürfte dieser Weiße ebenso unbekümmert seine Vorzüge demonstrieren wie als Begleiter heller, leichter Speisen, nicht notwendigerweise nur von Spargelgerichten.

Er ist kein Angeber, eher ein verhaltener Wein, aber genau das ziert ihn. In der Nase dominieren nussige Noten, ein wenig ist das Aroma von nicht ganz ausgereiften Walnüssen herauszuriechen, wenn sie noch eine dünne grünliche Haut tragen, sowie auch von Mandeln. Auch an getrocknete Blüten, die nicht mehr so intensive Düfte verströmen, mag man denken.

Niedrige Erträge und ein besonderes Terroir kennzeichnen die Durbacher Einzellage Steinberg, von der auch ein herausragender Riesling kommt. Der Wärme speichernde Granitverwitterungsboden und die steile Südhanglage bürgen für bestes, reifes Lesegut. Die kühlen Nächte in der Vorgebirgsrandlage des Schwarzwalds sorgen für Frische.

Franz Schwörer

Gräflich Wolff Metternich'sches Weingut, Durbach

„Die Liebe und die Leidenschaft für den Beruf müssen wachsen und wachsen. Lustlosigkeit würde sich auf den Wein übertragen."

Wenn von Liebe, von Leidenschaft gar, die Rede ist, dann mag man zunächst an junge Menschen denken, voller Illusionen noch. Franz Schwörer freilich hat das 61. Lebensjahr bereits überschritten, ist seit nunmehr 38 Jahren Kellermeister des Gräflich Wolff Metternich'schen Weinguts in Durbach – und bis heute hat er absolut nichts von seiner Liebe und seiner Leidenschaft für den Beruf, der für ihn auch Berufung ist, verloren; im Gegenteil, sie scheinen weiter zu wachsen. „Lustlosigkeit würde sich auf den Wein übertragen", erklärt Franz Schwörer, und wenn seine Augen hinter den Brillengläsern blitzen, wirkt er tatsächlich wie ein Jugendlicher, voller Enthusiasmus.

Die Jugendlichkeit und die Leidenschaft hat er sich bewahrt – und auch die Träume. Schon immer nämlich war es sein Traum gewesen, einmal, ein einziges Mal nur, aus dem Sauvignon Blanc, der in ganz besonderer Beziehung zum Gräflich Wolff Metternich'schen Weingut steht, eine Trockenbeerenauslese zu gewinnen. 2006, nach nahezu vier Jahrzehnten, wurde dieser Traum Wirklichkeit. „Es war ein unglaublich mühsames, aber lohnendes Geschäft", erinnert er sich. „Nicht nur jede Traube musste in die Hand genommen, nein: jede Beere musste einzeln ausgezupft werden." Das stolze Ergebnis: 150 Liter, also 300 Flaschen Sauvignon Blanc Trockenbeerenauslese. Franz Schwörers Augen leuchten: „180 Grad Öchsle!"

Das Weingut kann auf eine lange Geschichte zurückblicken. Seit dem 12. Jahrhundert waren Mitglieder der Straßburger Adelsfamilie Zorn von Bulach Inhaber des Lehensgutes „Schloss Grohl" in Durbach. Der Weinbau dort ist seit dem 14. Jahrhundert nachgewiesen. Von größter historischer Bedeutung für den Weinbau allerdings: 1830 führte Ernst Maximilian Freiherr Zorn von Bulach hier die Sauternes-Rebsorte „Weißer Sauvignon" von Chateau d'Yquem aus Frankreich ein, aus der Gegend von Bordeaux. Sein Freund und Kollege in der französischen Deputiertenkammer, der Marquis de Lur-Saluces, hatte ihm die Rebhölzer überlassen.

Über viele Generationen prägte die Adelsfamilie Zorn von Bulach das Leben des Durbacher Weinguts, dessen heutiger Name auf die Gräfin M.C. Wolff Metternich zurückgeht, eine geborene Freifrau von Bulach, die 1936 das Durbacher Weingut aus dem Nachlass ihres Vaters übernahm. Ihr Sohn, Paul Joseph Graf Wolff Metternich, besaß das Weingut von 1967 bis zu seinem Tod 1993. Zwei Jahre später wurden die Durbacher Unternehmer Gertraud und Rüdiger

Hurrle Eigentümer. Seit Januar 2006 nun ist Gertraud Hurrle die alleinige Eigentümerin.
Ihr Weingut, das 36 Hektar Rebfläche umfasst, ist bei allen großen, nationalen wie internationalen, Weinprämierungen mit Höchstauszeichnungen geradezu überschüttet worden, was sowohl den von der Natur begünstigten Einzellagen Schloss Grohl, Durbacher Schlossberg, Lahrer Herrentisch und Geheimrat Haeuser zu verdanken ist als auch dem „guten Geist“ des Kellers im alten Schloss, Franz Schwörer. Er betont mit sichtbarer Freude die gute Zusammenarbeit mit der Besitzerin, Gertraud Hurrle, die mit ihm im vielleicht wichtigsten Punkt des Weinbaus übereinstimmt: Qualität muss immer vor Quantität stehen.
Es sind vor allem die Sorten Blauer Spätburgunder (29 Prozent), Riesling (28 Prozent) sowie Weiß- und Grauburgunder (23 Prozent), die unter seinem kritischen Blick lagern und reifen. Hinzu kommen Müller-Thurgau, Chardonnay, Scheurebe, Traminer, Sauvignon Blanc, Cabernet Sauvignon und Merlot.
Wenn Franz Schwörer von den Spitzenweinen schwärmt, wenn er vom Sauvignon Blanc erzählt, von dem französische Experten partout nicht glauben wollten, dass er in der Ortenau und nicht in Frankreich gereift ist, dann kann man sich kaum vorstellen, was er eines Tages im Ruhestand tun wird. Doch ihm ist davor nicht bange. Ihm bleibt die Liebe zum Wein, die dann vielleicht nicht mehr mit Arbeit verbunden ist, sondern nur noch mit Genuss.

Patrick Reinbold
Hotel Ritter, Durbach

Schwarzwälder Kirschauflauf. „Zur ganz vorzüglichen 2006er Sauvignon Trockenbeerenauslese des uns benachbarten Gräflich Wolf Metternich'schen Weinguts empfehle ich einen Schwarzwälder Kirschauflauf. Dazu entsteinte Kirschen mit ein wenig Kirschwasser und etwas Zucker ca. eine Stunde ziehen lassen. Butter in einem Topf zergehen lassen und ein wenig Mehl unterrühren, von der Kochstelle nehmen und erkalten lassen. Milch aufkochen, beiseite stellen, etwas Zucker unterrühren und kurz abkühlen lassen, dann mit der Mehlbutter verrühren. Diese Masse darf nur ganz leicht anziehen, falls sie zu fest wird, gelingt der Auflauf nicht. Eigelb unter die Masse rühren, Eischnee schlagen und zusammen mit den Kirschen mit einem Spachtel unter die Masse heben. In eine gefettete und ausgezuckerte feuerfeste Form geben und für ca. 25 bis 30 Minuten bei 180 Grad Celsius in den Ofen schieben.
Zum Kirschauflauf serviert man Vanilleeis und eine Weinschaumsauce aus der Sauvignon Trockenbeerenauslese vom Gräflich Wolff Metternich'schen Weingut.“

2006 Sauvignon Blanc
Trockenbeerenauslese

Leuchtend helles Goldgelb. Schmeckt so Gold? Die Vermutung liegt nahe, dass dieser Wein weitaus besser duftet und schmeckt als das Edelmetall. Man glaubt, seine Nase in ein Fass voller Honig zu stecken. Auch reife Feigen und Noten von feinem Balsamico sind auszumachen.

Auf der Zunge verfestigt sich der Eindruck, bei dieser edelsüßen Auslese handle es sich um Honig. Vollkommen fehlt die spitze Säure, die mitunter bei vergleichbaren Riesling-Auslesen anzutreffen ist. Die Säure ist im Gegenteil so fein eingebunden, dass man unweigerlich an einen Sauternes denkt.

Kein Wunder, ist doch der Sauvignon Blanc so etwas wie der Metternich'sche Hauswein, eingeführt von einem Freiherrn von Bulach vor etwa 180 Jahren aus Frankreich, genauer: vom weltberühmten Weingut Chateau d'Yquem. Die Tradition wurde über die Zeiten hinweg wach gehalten und immer wieder gepflegt.

Die Trockenbeerenauslese wirkt üppig und hat eine überwältigende Süße. Zugleich überzeugen Finesse und Eleganz sowie der niedrige Alkoholgehalt. Dieses feine Tröpfle eignet sich hervorragend als Dessertwein. Oder einfach so – als ein Schlückchen flüssiges Gold, eben etwas ganz Außergewöhnliches.

Hanspeter Rieflin

Weingut Schloss Ortenberg, Offenburg

„Man muss dem Wein Zeit geben. Man muss ihn, auch in hektischer Zeit, ruhen lassen."

Als Hanspeter Rieflin am 1. Mai 1997 seine Arbeit als Kellermeister im größten kommunalen Weingut Deutschlands aufnahm, da war er gerade 35 Jahre und der Zweckverband Weingut Schloss Ortenberg gerade einen Monat alt. Doch genau genommen muss man auf eine mehr als 700-jährige Geschichte zurückblicken.

Es waren zwei kommunale Betriebe, die am 1. April 1997 zusammengeführt wurden: das „St. Andreas-Weingut" der Stadt Offenburg und das Weinbauversuchsgut „Schloss Ortenberg" des Ortenaukreises. Alle zwei Jahre wechselt der Verbandsvorsitz zwischen dem Landrat des Ortenaukreises und dem Oberbürgermeister von Offenburg. Da sind Betriebsleiter Winfried Köninger und Kellermeister Hanspeter Rieflin gleichsam die festen Säulen des Betriebs, die ruhenden Pole.

Der aus dem Kaiserstuhl stammende Hanspeter Rieflin, dem als Kellermeister das Lesegut aus 45 Hektar Rebfläche anvertraut wird, ist also ein Angestellter des Öffentlichen Dienstes. Und er sieht seinen Beruf als Berufung, die ihn auch im Urlaub nicht loslässt. Ob in Südafrika oder auf Mallorca, er schaut bei Kollegen vorbei, ist aufgeschlossen für neue Erfahrungen, die dann auch wieder dem Weingut Schloss Ortenberg zugute kommen.

Dass er sein Fach versteht, beweisen die zahlreichen Auszeichnungen. Nur ein Beispiel: Beim Internationalen Weinwettbewerb „Riesling du Monde" 2007 in Straßburg wurde das Weingut als „erfolgreichster Betrieb" bewertet, mit einer „Trophäe Exzellent" für den 2005er Klingelberg – Riesling Spätlese trocken in der „Königsklasse" Grand Cru sowie drei Goldmedaillen.

Zu den Weltbesten zu zählen, ist keine Selbstverständlichkeit. Hanspeter Rieflin erinnert sich an das Jahr und den Jahrgang 2006: „Es waren vier Wochen Stress pur. Was sonst in sieben Wochen erledigt wird, musste in vier Wochen über die Bühne gehen." Spätestens da fällt das Vorurteil von der geregelten Arbeitszeit im öffentlichen Dienst: „Wir haben auch samstags und sonntags gelesen – und so ist es uns gelungen, Vieles zu retten, was sonst den Wetterkapriolen zum Opfer gefallen wäre." Und noch ein mögliches Vorurteil bringt Hanspeter Rieflin zum Kippen: Der Stress ist nicht vorbei, wenn die Trauben erst einmal unter Dach und Fach, also im Keller sind. „Für uns im Keller war das eine große Herausforderung: rasches Verarbeiten des Leseguts, sorgfältige Klärung des Mostes und sofortiges Einleiten der Gärung." Es war Arbeit rund um die Uhr.

Dass der junge Zweckverband eine weit zurückreichende Geschichte hat, verdankt er vor allem Offenburger Bürgern, die bereits im Jahr 1300 das St. Andreas Kranken- und Armenhospital gründeten – eine Sozialeinrichtung, die sich durch Bewirtschaftung der Ländereien, durch Überlassung von Naturalien und um das Jahr 1500 aus den Schenkungen zweier Rebhöfe finanzierte, dem Grundstock für die Entwicklung des Weinguts. 1975 konnte das inzwischen in den Besitz der Stadt Offenburg übergegangene Weingut seine Rebfläche auf 29 Hektar vergrößern. Auf der anderen Seite gab es das Weinbauversuchsgut des Ortenaukreises. Erworben hatte es 1950 der damalige Landkreis Offenburg, um den Winzern auf dem Rebgelände um das Ortenberger Schloss durch Betreuung und Beratung nach dem Krieg wieder auf die Beine zu helfen.
Man könnte so lange zurückblicken, doch ist der Blick von Geschäftsführer Winfried Köninger und Kellermeister Hanspeter Rieflin nach vorn gerichtet. Denn es gilt, mit den Weinen, mit dem Spätburgunder und dem Riesling, die zusammen mehr als die Hälfte des Ertrags bringen, sowie zwei Dutzend weiteren Sorten, sich auch künftig im Wettbewerb zu behaupten. Drei Trauben im Gault Millau 2006 und vier Sterne im „Eichelmann" beweisen, dass dies bisher gelungen ist. Und so soll es auch bleiben. „Man muss dem Wein Zeit lassen", erklärt Hanspeter Rieflin. „Man muss ihn, auch in hektischer Zeit, ruhen lassen." Nur so entstehen dann wirklich Spitzenprodukte, Große Weine.

Edy Ledig
Edy's Hotel-Restaurant im Glattfelder, Ortenberg

Frische gegrillte Jakobsmuscheln und Cassata von Romatomaten. „Aus den Sorten Sauvignon Blanc und Sauvignon Gris wurde von Hanspeter Rieflin eine sorgsam ausgewählte, sehr schöne und elegante Cuvée hergestellt.
Die ausgeprägten Fruchtaromen von Stachelbeere und exotischen Früchten harmonieren wunderbar mit den frischen gegrillten Jakobsmuscheln, etwas Fleur de Sel und Jamaikapfeffer, einer Cassata von Romatomaten und ligurischem Olivenöl."

2006 Sauvignon Blanc et Gris

Goldgelb. Der allererste Eindruck in der Nase: reifes Steinobst. Und am Gaumen: ein Maul voll Wein. Weich, samtig, geschmeidig.
Eine einzigartige Cuvée aus Sauvignon Blanc, der in der Ortenau früher schon als Muskatsilvaner heimisch war, und Sauvignon Gris, der weltweit eine zu vernachlässigende Größe darstellt, für Schloss Ortenberg daher eine Art Alleinstellungsmerkmal bedeutet. Von ersterer Rebsorte stammen zweifelsohne die fruchtigen Töne, kommt die zugängliche Aromatik. Überreife, weiche Stachelbeeren, schwarze Johannisbeeren, aber auch exotische Früchte wie Mango, ein wenig Brennnessel und eine Brise Buchsbaum stechen hervor. Die äußerst seltene Sorte Sauvignon Gris, eine sehr kleine, graue Traube mit hohem Zuckergehalt, ergibt hohe Mineralität und langen Nachhall. Beides zusammen, sprich: die Cuvée, weckt Assoziationen an ein Mango-Chutney.
Fülle und Kraft, Dichte und Opulenz dieses Weines, sein Hang zum Üppigen, werden eingefasst von einer zarten, aber durchaus prägenden Säure, die sich mit höchst angenehmen Bittertönen verbündet. Trotz der Frische, über die er letztlich verfügt, ist dieser Wein mit den weltweit bekannten Sauvignon-Blanc-Geschmacksbildern nicht zu vereinen. Er passt insofern auch gut zu kräftigen und würzigen Gerichten. Auch als Begleiter zu herzhaften Käsesorten dient er sich an.

2005
Spätb. Rotwein
Konz.
2006
Spätb. Rotwein
Spätl.
2006
Steinb. Cuvée
QbA

Spätb. Rotwein
Spätl
Spätb. Rotwein
Kanz.
2006
Steinb. Cuvée
QbA
Spätb. Rotwein
Selektion KM

„Wein ist Poesie
in Flaschen."

Robert Louis Stevenson

Die kulinarische Dreieinigkeit der Ortenau

Von Hans Roschach

Die Ortenauer Küche kennt eine Vielzahl von Gerichten. Die meisten sind saisonal bestimmt, einige auch an feste Tage im Jahr fixiert. Es gibt aber auch die drei Säulen badischer Kulinarik, welche das ganze Jahr über die Essgewohnheiten in der Ortenau dominieren. Ob an Sonn- und Feiertagen, ob zu Hochzeiten, Jubiläen, Taufen und schlussendlich auch weniger freudigen Anlässen – Rindfleisch Meerrettich, Eingemachtes Kalbfleisch und Sauerbraten begegnen dem Restaurant- und Familiengast durch alle vier Jahreszeiten auf dem Teller.

Was auf den ersten Blick wie eine Aufzählung von gängigen Gerichten klingt, ist die kulinarische wie ökonomische Quintessenz badischer und somit besonders Ortenauer Kochkunst, und bei allen hausfraulichen, besser großmütterlichen Variationen doch stets unverwechselbar. Der Wein spielt auch hier eine gewichtige Rolle, und wo beim Eingemachten Kalbfleisch der Weiße, meist Müller oder auch mal Ruländer, unverzichtbare Zutat ist, wurde der Sauerbraten in guten Zeiten mit viel, in schlechteren Jahren mit weniger Rotwein, dafür dann mit etwas mehr Wasser und Essig eingelegt.

Selbst beim Rindfleisch mit Meerrettich, klassisches Samstags- aber auch Hochzeitsessen in der Ortenau, eignet sich ein Grauburgunder als Begleiter im Glas, obwohl hier Bier besser passen dürfte, vor allem dann, wenn der Urloffener Kren zu rachenputzender Hochform aufläuft. Da ist dann selbst für robuste Weinnasen hinsichtlich der Sensorik Feierabend.

Wenngleich Fleisch im Teller immer auch eine Frage des Geldes bedeutete, war der Braten oder das Ragout selbst bei armen Leuten wenigstens einmal in der Woche angesagt. Wo beim kurzfristig gekochten Rindfleisch eben durch das Kochen eventuell zähe Stücke schmackhaft und früher oder später weich werden und auch die fetten Teile nutzbar sind, will der Sauerbraten geplant sein. Der sollte doch mehrere Tage in seiner Marinade aus Rotwein und Essig reifen, Letzterer optimal im hauseigenen Essigfässchen das Jahr über als Metamorphose aus den Flaschenresten diverser Feierlichkeiten und dann von möglichst hochwertigen Kreszenzen gewonnen. Dass nur gute Zutaten, und hier eben ein kräftiger farbstarker Rotwein, ein gutes Ergebnis erlauben, sei als Selbstverständlichkeit angemerkt. Das Kalbfleisch wiederum war früher hohen Feiertagen vorbehalten, und auch heute noch ist das Eingemachte Kalbfleisch ein Sonntagsessen.

Eben weil Kalb ein kostspieliges Fleisch ist, nutzte man früher alle Möglichkeiten, so lange wie es nur ging den Genuss vorzuhalten. Als es noch keine Tiefkühltruhen gab, machte man das Fleisch durch Sterilisieren in Gläsern ein, und somit haltbar. Wenn dann ein Festessen angesagt war, wurde das Ragout lediglich aufgewärmt, der Einmachsud zusammen mit einem Glas trockenen Müller mit etwas Mehlschwitze zur Sauce ausgekocht, diese kurz vor dem Auftragen mit einer Liaison aus Sahne und Eigelb veredelt. Einige Spritzer vom Weißen drüber, und schon konnte sich die Hausfrau des Beifalls an der Tafel sicher sein. Eine frühe Form der heutigen Convenience übrigens, und die Zeit, welche am Herd durch das bereits vorgegarte Fleisch eingespart wurde, entschädigte für das aufwändige Zubereiten der Nudeln am Vortag.

Weingut Gut Nägelsförst
Reinhard J. Strickler
Nägelsförst 1
76534 Baden-Baden-Varnhalt
Telefon 0 72 21/3 55 50
info@naegelsfoerst.de

Weingut Schloss Neuweier
Inhaberin: Gisela Joos
Verwalter: Jürgen Güntert
Kellermeister: Alexander Spinner
Mauerbergstraße 21
76534 Baden-Baden-Neuweier
Telefon 07 22 3/9 66 70
kontakt@weingut-schloss-neuweier.de

Weingut Holger Dütsch
Holger Dütsch
Im Grün 8b
76534 Baden-Baden-Neuweier
Telefon 07 22 3/95 97 39
weingut-duetsch@web.de

Weingut Kopp
Ewald Kopp
Ebenunger Straße 21
76547 Sinzheim-Ebenung
Telefon 07 22 1/80 36 01
info@weingut-kopp.com

Affentaler Winzergenossenschaft Bühl eG
Geschäftsführendes Vorstandsmitglied:
Dr. Ralf Schäfer
Kellermeister: Leo Klär
Betschgräblerplatz
77815 Bühl-Eisental
Telefon 07 22 3/9 89 80
info@affentaler.de

Weingut Duijn
Jacob Duijn
Hohbaumweg 16
77815 Bühl-Kappelwindeck
Telefon 07 22 3/2 14 97
info@weingut-duijn.com

Winzerkeller Hex vom Dasenstein eG
Geschäftsführender Vorstand:
Jürgen Decker
Kellermeister: Markus Huber
Burgunderplatz 1
77876 Kappelrodeck
Telefon 07 84 2/99 38-0
info@winzerkeller.net

Alde Gott Winzer eG
Geschäftsführer:
Günter Lehmann
Kellermeister: Michael Huber
Talstraße 2
77887 Sasbachwalden
Telefon 07 84 1/20 29-0
info@aldegott.de

Oberkircher Winzer-genossenschaft
Geschäftsführer: Markus Ell
Kellermeister: Martin Bäuerle
Renchener Straße 42
77704 Oberkirch
Telefon 07 80 2/92 58-0
info@oberkircher-winzer.de

Weingut Markgraf von Baden
Gutsleiter: Achim Kirchner
Schloss Staufenberg
77770 Durbach
Telefon 07 81/4 27 78
info@schloss-staufenberg.de

Weingut Andreas Laible
Andreas Laible
Am Bühl 6
77770 Durbach
Telefon 07 81/4 12 38
info@weingut-laible.de

Weingut Heinrich Männle
Heinrich Männle
Sendelbach 16
77770 Durbach
Telefon 07 81/4 11 01
info@weingutmaennle.de

Durbacher Winzer-genossenschaft eG
Direktor: Konrad Geppert
Kellermeister: Jochen Sahler
Nachtweide 2
77770 Durbach
Telefon 07 81/93 66-0
wg@durbacher.de

Gräflich Wolff Metternich'sches Weingut
Besitzerin: Gertraud Hurrle
Kellermeister: Franz Schwörer
Grol 4
77770 Durbach
Telefon: 07 81/4 27 79
info@weingut-metternich.de

Weingut Schloss Ortenberg
Direktor: Winfried Köninger
Kellermeister: Hanspeter Rieflin
Am St. Andreas 1
77799 Ortenberg
Telefon 07 81/93 43-0
info@weingut-schloss-ortenberg.de

Die Restaurants

Volker Baumann
Hotel-Restaurant Rebstock
Halbgütle 30
77770 Durbach
Telefon 07 81/4 82-0
Fax 07 81/4 82-160
info@rebstock.biz
www.rebstock.biz

Patrick Reinbold
Hotel Ritter Durbach
Tal 1
77770 Durbach
Telefon 07 81/93 23-0
Fax 07 81/93 23-100
ritter-durbach@t-online.de
www.ritter-durbach.de

Rolf Fischer
Hotel und Restaurant
Burg Windeck
Kappelwindeckstraße 104
77815 Bühl/Baden
Telefon 0 72 23/94 92-0
Fax 0 72 23/94 92-90
kontakt@burg-windeck.de
www.burg-windeck.de

Frank Müller
Gasthof Zum Prinzen
Hauptstraße 86
77876 Kappelrodeck
Telefon 0 78 42/94 75-0
Fax 0 78 42/94 75-30
info@zumprinzen.de
www.zumprinzen.de

Andreas Schäuble
Hotel und Restaurant
Bergfriedel
Haabergstraße 23
77830 Bühlertal
Telefon 0 72 23/7 22 70
Fax 0 72 23/99 95 96
info@bergfriedel.de
www.bergfriedel.de

Sophie & Stéphan Bernhard
Restaurant
Le Jardin de France
Lichtentalerstraße 13
76530 Baden-Baden
Telefon 0 72 21/3 00 78 60
Fax 0 72 21/3 00 78 70
info@lejardindefrance.de
www.lejardindefrance.de

Edy Ledig
Edy's Hotel-Restaurant im
Glattfelder
Kinzigtalstraße 20
77799 Ortenberg
Telefon 07 81/93 49-0
Fax 07 81/93 49-29
info@edys-restaurant-hotel.de
www.edys-restaurant-hotel.de

Joachim Peter
Hotel-Restaurant Heiligenstein
Heiligensteinstraße 19a
76534 Baden-Baden
Telefon 0 72 23/96 14-0
Fax 0 72 23/96 14-50
gast@hotel-heiligenstein.de
www.hotel-heiligenstein.de

Armin & Sabine Röttele
Restaurant im
Schloss Neuweier
Mauerbergstraße 21
76534 Baden-Baden
Telefon 0 72 23/95 70 55-5
Fax 0 72 23/95 70 55-6
info@armin-roettele.de
www.armin-roettele.de

Martin Herrmann
Relais & Châteaux
Hotel Dollenberg
77740 Bad Peterstal-Griesbach
Telefon 0 78 06/78-0
Fax 0 78 06/12 72
info@dollenberg.de
www.hotel-dollenberg.de

Familie Fahrner
Wellness & Natur Resort
Schliffkopf
Schwarzwaldhochstraße
72270 Schliffkopf (Baiersbronn)
Telefon 0 74 49/920-0
Fax 0 74 49/920-199
info@schliffkopf.de
www.schliffkopf.de

Andreas Krolik
Park-Restaurant in
Brenner's Park-Hotel & Spa
Schillerstraße 4-6
76530 Baden-Baden
Telefon 0 72 21/900-0
Fax 07 22 1/3 87 72
restaurant@brenners.com
www.brenners.com

Gutbert Fallert
Restaurant Fallert im
Hotel Talmühle
Talstraße 36
77887 Sasbachwalden
Telefon 0 78 41/6 28 29-0
Fax 0 78 41/6 28 29-99
info@talmuehle.de
www.talmuehle.de

Claus-Peter Lumpp
Restaurant Bareiss im
Hotel Bareiss
Gärtenbühlweg 14
72270 Baiersbronn-Mitteltal
Telefon 0 74 42/47-0
Fax 0 74 42/47-320
info@bareiss.com
www.bareiss.com

Jörg Sackmann
Restaurant Schlossberg im
Romantik Hotel Sackmann
Murgtalstraße 602
72270 Baiersbronn-
Schwarzenberg
Telefon 0 74 47/289-0
Fax 0 74 47/289-400
info@hotel-sackmann.de
www.hotel-sackmann.de

Die Autoren

Dr. Monika Bachmayer, 61, gelernte Kunsthistorikerin, hat sich als Chefredakteurin der kleinsten (und feinsten) Kunst- und Kulturzeitschrift Baden-Württembergs wie auch als Leiterin eines traditionsreichen badischen Buchverlags in Theorie und Praxis intensiv mit den regionalen Weinthemen befasst. Dabei war ihr das als Tochter einer Berlinerin und eines Münchners nicht unbedingt in die Wiege gelegt. Aber wer das Glück hat, Ortenaunah im Badischen aufzuwachsen, der kann sich den Zauberkräften des Weines einfach nicht entziehen. Landschaft, Menschen und Weine der Ortenau haben ihr Leben reicher gemacht.

Wilfried Beege, 63, weiss, dass man im dunklen Weinkeller das Licht ausmachen muss, wenn man etwas sehen will. Er ist leidenschaftlich gern Bildgestalter und fand durch seine Reportagearbeit zur Glitzer- und Glamourwelt der Mode und zur Werbefotografie. Sein Interesse für Menschen war immer der tragende Impuls für seine Passion. Wilfried Beege nennt dies die Liebe zu Gesichtslandschaften. Er lebt und arbeitet zwar schon seit sieben Jahren in Durbach, lernte aber erstmals in der Arbeit für dieses Buch die Großen Winzer und auch die Großen Weine der Ortenau kennen, schätzen, ja lieben. Und die Winzer ihn. Gibt es ein schöneres Geschenk als Honorar für wunderbare Porträts?

Andreas Braun, 48, Chefredakteur von Sonntag Aktuell, beschäftigt sich seit einigen Jahren – geradezu leidenschaftlich – mit den Themen rund um den Wein. Er befasst sich hauptberuflich viel mit Politik, was seine Lust auf kulinarische und vinologische Themen nur verstärkt. Ob Andreas Braun der Ortenau deswegen so verbunden ist? Das Herz der oberrheinischen Region liegt jedenfalls auf demselben Breitengrad wie sein Geburtsort Reutlingen. Der Schwabe, ein großer Freund Badens, kommt aber auch sehr, sehr gerne wegen der Weine, der herrlichen Landschaft und wegen des weiten Blicks von Schloss Staufenberg in die Ortenau.

Klaus Brodbeck, 51, kam schon 1975 zum Studieren in die Ortenau. Nach einem achtjährigen Intermezzo in Karlsruhe kehrte er 1985 als Bürgermeister der Grimmelshausenstadt Renchen in die Ortenau zurück. Seit November 2000 ist er Landrat des Ortenaukreises. Als solcher ist er auch verantwortlich für eines der Flaggschiffe unter den badischen Weingütern, das Weingut Schloss Ortenberg, an dem der Landkreis zur Hälfte beteiligt ist. Es ist mit rund 46 Hektar Rebanbaufläche das größte kommunale Weingut in Deutschland. Klaus Brodbeck ist ein engagierter Förderer des Weintourismus und Initiator des alle zwei Jahre stattfindenden Genießerfestivals Ortenau Select.

Dr. Hubert Burda, 67, wurde im Rebland zwischen Baden-Baden und Offenburg geboren. Hier in der Ortenau ist seine Heimat, hier ist er lebensglücklich. Es war sein Elternhaus, das in Hubert Burda schon früh die Liebe zum Wein erweckte. So wie das Badener Land vom Wein tief geprägt ist, so ist auch die hoch geachtete, ja geliebte und beliebte Verlegerfamilie eng verbunden mit diesem wunderbaren Land der Reben. Wo immer auf der Welt Hubert Burda, der große

Freund der Kunst und der Literatur, auch ist, braucht er Wein zur Erdung. Dann schmeckt der Weinfreund Heimat. Wein ist Heimat. Wer die Nähe zur Heimat nicht hat, so weiß er, der kann auch kein Weltbürger sein.

Otto Geisel, 46, ist Weinsachverständiger, öffentlich bestellt und vereidigt – und der einzige in Deutschland. Aber eigentlich ist er ein Weinwunder. Telefon- oder Konto-Nummern will er sich nicht merken, auch Geburtstage und Hochzeitstage vergisst er, wenn seine Frau Evelyn ihn nicht daran erinnert. Aber Weine, die er einmal gekostet hat, die speichert der Weinexperte als Bilder in seinem Geschmackszentrum ab wie auf der Festplatte seines Computers. Wer sonst als er darf Große Weine groß nennen und sie aufnehmen in die Welt der Großen Weine, in der er zu Hause ist wie in seinem Weinkeller im Hotel Victoria in Bad Mergentheim. Dort wirkt der von Gault Millau als „Restaurateur des Jahres 2007“ gewürdigte Patron mit inniger Weinfreude.

Nicolas Hosseinpour, 62, Journalist und Publizist, kam vor fast vier Jahrzehnten aus Norddeutschland, wo man damals beim Wein häufig nur zwischen Rot und Weiß unterscheiden konnte, in den Süden nach Tübingen. Hier entdeckte er seine Liebe zum Wein, die stetig gewachsen ist und mit den Jahren zur Kennerschaft reifte. Zahlreiche Begegnungen und anregende Gespräche mit Winzern, nicht zuletzt in der Ortenau, vertieften sein Wissen weiter – und seinen Respekt vor der Arbeit in Weinberg und Keller.

Rainer Knubben, 56, verdankt seine durchaus späte Liebe zum Wein seinem Weinfreund Otto Geisel, der ihm beibrachte, dass man Wein nicht nur trinken, sondern auch riechen, schmecken, fühlen und sogar streicheln kann. Zum ersten Mal in die Ortenau aber führte den Publizisten sein Freund Roger Heidt. Der Tourismusexperte hat ihm die Schönheit der Landschaft, die Köstlichkeit der Speisen und die Freundlichkeit der Menschen gezeigt und ganz nahe gebracht. Die Idee, das Buch „Große Weine der Ortenau“ zu machen, war dann schnell geboren und auch verwirklicht. Jetzt muss der Verleger seine Wein-Liebe aufteilen: In das Remstal, den „Garten Gottes“, die Ortenau, das „Paradies auf Erden“, und – die Dritte im Bunde – das wunderschöne Taubertal. Es werden mit Sicherheit noch weitere Weinlandschaften folgen, in die er sich verlieben wird und über die er schöne Bücher herausgeben möchte. Das Nächste ist schon in Arbeit: „Große Weine aus Südwest – Die besten Winzer im Genießerland Baden-Württemberg.“

Hans Roschach, 61, lebt und arbeitet als Journalist, Buchautor, Fotograf – und Gastronom in der Ortenau. Bereits in der frühen Nachkriegszeit entdeckte er seine Liebe zur alemannischen Küche. Zahlreiche Veröffentlichungen von ihm über den Badischen und Elsässer Wein und auch über die Kochkunst am Oberrhein sind bisher erschienen. Der Redakteur der Mittelbadischen Presse und Wirt des Landgasthauses „Krone“ unterhalb von Schloss Ortenberg hat als bekennender Feinschmecker seine Passionen Schreiben und Kochen zum Beruf gemacht.

Impressum

Herausgeber
Andreas Braun und Otto Geisel

Konzeption
Rainer Knubben

Redaktion
Nicolas Hosseinpour und Alexandra Beckmann

Fotos
Wilfried Beege, Durbach
Richard Lenz (Panoramafotos)

Gestaltung
stilgruppe | Visuelle Konzepte, Berlin
www.stilgruppe.com

Repro
highlevel GmbH, Berlin

Herstellung
Hampp Media GmbH, Stuttgart

Druck und Weiterverarbeitung
Druckerei Uhl, Radolfzell

ISBN-13 978-3-936682-61-8

Printed in Germany, 2007

Kunst und Kulinaristik
in Partnerschaft mit Hampp Media GmbH, Stuttgart

Informationen über weitere Bücher des Verlags und der edition k – Kunst und Kulinaristik erhalten Sie unter www.hamppverlag.de und www.rainerknubben.com.

In dieser Buchreihe bereits erschienen:
„Große Weine des Remstals – Die besten Winzer vor den Toren Stuttgarts."
Herausgegeben von Andreas Braun und Otto Geisel. Mit einer Liebeserklärung von Alfred Biolek.

Hex vom Dasenstein
Affentaler
WINZERGENOSSENSCHAFT BÜHL
WEINGUT KOPP
Sinzheim-Ebenung
Weingut
Heinrich Männle
Sendelbach 16
77770 Durbach
WINZERKELLER
Gutsabfüllung
Schloss
Ortenberg
WEINGUT
LAIBLE
Durbach
Gutsabfüllung
Weingut
Heinrich Männle
Sendelbach 16
77770 Durbach
WINZERGENOSSENSCHAFT
Ortenau
Baden
den-Baden
Schloss Neuweier
Durbacher
WINZERGENOSSENSCHAFT
Weingut Kopp
Tel. 07221/803601
WINZERKELLER
KAPPELRODECK
Oberkircher
Weingüter
des
Markgrafen
von Baden,
Salem
Schloss
Ortenberg
Weingut
KAPPELRODECK
WINZERKELLER
WEINGUT KOPP
Sinzheim-Ebenung
Weingut
Durbach
Hex vom Dasenstein
KAPPELRODECK
ORTENAU / BADEN
WEINGUT KOPP
Sinzheim-Ebenung
LAIBLE
Durbach
Oberkircher
WINZERGENOSSENSCHAFT
Tel. 07221/803601
www.weingut-kopp.com
Holger
Baden